思想觀念的帶動者
文化現象的觀察者
本土經驗的整理者
生命故事的關懷者

{ PsychoAlchemy }

啟程,踏上屬於自己的英雄之旅
外在風景的迷離,內在視野的印記
回眸之間,哲學與心理學迎面碰撞
一次自我與心靈的深層交鋒

コンプレックス

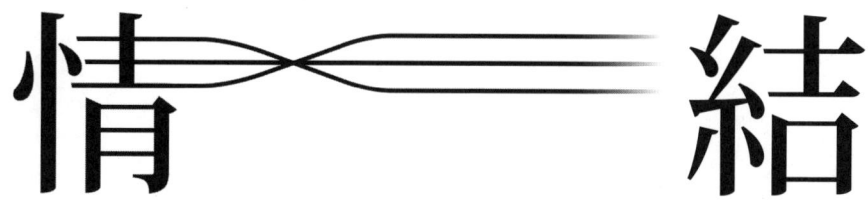
情　結

河合隼雄
KAWAI HAYAO

著

林暉鈞

譯

目次

推薦序一 以「情結」為線索，探索人類的內心深處／河合俊雄 008

推薦序二 情結與內在星空：自我探索的聖經／鐘穎 011

推薦序三 「情結」不只是「情結」：撥開「複雜性」的迷霧／魏宏晉 017

第一章 什麼是「情結」？ 023

1 是什麼威脅了我們的主體性 024

2 詞語聯想測驗 031

3 自我 041

4 情結的結構 049

第二章 另一個我 059

1 雙重人格 061

第三章　情結的現象

1 自我與情結的關係　094
2 精神官能症　104
3 人際關係與情結　116

第四章　情結的消除

1 與情結對決　126
2 Trickster　134
3 死亡的體驗　141
4 儀式的意義　150

2 分身（Doppelgänger）　070
3 自卑情結　078
4 心的互補性　085

093

125

第五章　夢與情結

1　情結的人格化　160

2　夢的意義　168

3　男性形象與女性形象　176

4　夢中的「我」　184

第六章　情結與原型

1　伊底帕斯情結　192

2　文化差異的問題　198

3　原型　207

4　自性的實現　215

引用與參考文獻　235

後記　223

【推薦序二】

以「情結」為線索，探索人類的內心深處

河合俊雄（臨床心理學家、榮格分析師）

就像我們常常會聽到「那個人懷有很強烈的情結」之類的說法，「情結」這個詞彙在世界各地，幾乎都已成為日常生活用語，尤其大多是用在與自卑感有關的情況。但事實上，「情結」原本是由瑞士心理學家榮格所發明的專業術語。榮格從接受詞語聯想測驗的人所產生的混亂反應（花了很長的時間才聯想出對應的詞，或是事後記不起自己最初的回答等等）中，指認出情結的現象——本書的論述，就是從這裡開始的。

也就是說，情結是威脅到你我主體性的東西。而且就像本書一開始所舉出的例子（一位中年女性，對職場中擅長料理的女同事感到強烈的厭惡）所顯示的，我們身邊那些引起我們不快的人，他們的特徵經常與我們自己的情結有關。作者將這位女性的情結暫時命名為「料理情結」，但其實人們對於金錢、性、容貌、手足關係、父親、母親等

河合隼雄於一九六五年在瑞士取得榮格分析師的資格，是亞洲第一位取得該資格的人。這本編列在岩波新書系列的著作，首次出版於一九七一年，作者四十三歲的時候，也使他一夕成名。雖然問世已超過五十年以上，但內容絲毫沒有過時，至今仍然非常受到歡迎，每年都追印再版，去年（2024）十月在日本發行的，已經是第七十一刷。

這本書以一般讀者為對象，撰寫的方式非常淺顯易懂。即使如此，它也不僅說明「情結」的現象，更以「情結」作為線索，引領讀者們探索人類的內心深處，我想這是它如此受到歡迎與重視的原因。

如同雙重人格的案例所顯示，情結的現象不只威脅我們的主體性，有時候甚至會奪走我們的主體性而取得主導地位──就像這樣，這本書介紹了情結所造成的各種現象，並且更進一步透過幾個心理治療的例子，探討「如何消除情結」、「整合情結的可能性」等問題。也就是說，讀者們不僅可以透過本書客觀地認識「情結」的概念，更可以經由情結，深入探索自己的內心。儘管本書淺顯易懂，但是它論述水準之高，對於以心理治療為專業的人來說，也極具參考的價值。特別是第四章開頭，以離開母親而獨立為案例，雖然短小卻令人印象深刻，

009 ｜推薦序一｜ 以「情結」為線索，探索人類的內心深處

主題的中學男生的案例，非常令人感動。

情結也經常人格化，化為人物的形象出現在我們的夢中，因此本書特別以第五章探討夢與情結的問題。其中介紹的許多夢的例子本身就相當引人深思，而作者所提出論點更是具有說服力。例如，那位因為同性戀傾向而煩惱的高中男生，夢見自己的房間空空蕩蕩，而隔壁友人（他的愛慕對象）的房間則排滿了家具。這個對比最終讓他聯想到，友人的家庭富足而溫暖，自己的家人則關係慘澹而冷漠。

此外，因為某些情結的影響所及超過個人的範圍，促使榮格構想出原型的概念，認為原型位於人類心中超越個人的層次，是產生人類某些重要意象的根源。本書最後的第六章，就探討了原型與情結的關係。換句話說，經由對情結的介紹，本書成為一本榮格心理學的絕佳入門書籍。

而除了將本書當作認識「情結」與榮格心理學的入門讀物之外，它也能作為探索自己內心深處的指引，甚至當成專業人士在進行心理治療工作時的參考書，提供了多層次的閱讀面向——作者指出「情結」具有多重的層次，而這本書本身，亦是如此。

情結：內心隱形的拉扯力量　　010

|推薦序二| 情結與內在星空：自我探索的聖經

鐘穎（心理學作家、愛智者書窩版主）

經常有人問我：「陰影裡頭的內容是什麼？」比較簡單的答案是「情結」。

什麼是情結？

雖然情結已經成為了心理學的常見用語，但多數人對它的認識並不完整。它帶有強烈的情緒色彩，是會讓你越講越激動、憤慨激昂的內在無形事物。榮格學派常用「附身」這個詞來形容人被情結佔領，從而失去理性的狀態。

那麼，簡單來說，情結是威脅我們人格主體性的東西。它是什麼？

換個說法，情結就是「有色眼鏡」，它是理性致力消除的對象。但因為我們的教育體系更看重外在知識的獲取，而非內在知識的探究，因此無論人的學歷多高，他還是可能在特定觀點上充滿偏見。

那些特別容易讓人激動或反過來想要迴避的議題，就有我們的情結隱身其中。藉由與情結的接觸，人會獲得能量；但要當心的是，情結經常會喧賓奪主，讓我們失去客觀。

有趣的是，愛好占星學的榮格也會用 constellation（星座）這個詞來指涉情結（complex）。換言之，它是我們內在情緒的集合體，在我們的內在星空中閃閃發亮。若想辨別它，你得先願意抬頭，並且具備一點星空的知識才行。

這麼說來，情結其實是內在星空的主角，就如星座書上寫的那樣，星座會在無形中影響我們的思考與行動，情結對人也有類似的影響力。

諮商是為了消除情結嗎？

「心理諮商的目的就是消除情結嗎？」這是我另一個常被問的問題。

──不是，比較好的說法應該是去「認識它」。因為當情結挾帶著蓬勃的心理能量自無意識出現時，自我會被迫遠遁，所以他們兩者很可能並沒有真正地打過照面。榮格心理學中所謂的「認識自己」，指的就是認識我們內在的情結──認識那個會影響我，但我卻根本不認識的心靈元素。認識自己這件事，並不是要我們去反覆熟悉我們已經熟悉的自我。

要認知自身容易受哪個情結影響並不容易，尤其情結本身就是一個複合體，它在與其他情結纏繞交織的同時，也會與個人的自我緊緊交纏。我經常把它比喻為一串肉粽：它的內部有香菇、花生、豬肉與蛋黃，你很難將誰與誰分開，它在外部也還跟其他肉粽綁在一起。

也就是說，在處理特定情結的同時，其他議題也會一併現身。所以作者河合隼雄特別提醒我們，認為「只要把某個情結去除，精神官能症就能痊癒」的觀點是普遍的誤解。

舉個例子，你可能在瞭解當事人自卑情結的起因時，會先發現他對金錢的認知有偏見，覺得錢很骯髒（金錢情結）。在深究之後，你又察覺這背後有父母情結在作祟（他認為父母就是低俗的商人），同時當事人還會有意無意地將自己的收入跟姊姊比較（手

足情結）。

可以這麼講，在進行諮商時必須一次跟多個情結作戰，所以它的歷程才會如此緩慢。

雖然這裡使用「作戰」這個詞，但要銘記在心的是，情結經常是自我的對立面，這是源自於自我在成長的過程中太過單一。河合隼雄強調，「在彌補自我的片面性與不足上，情結扮演很重要的角色」。不僅是個人，人際關係也是一樣。他特別以夫妻為例，說明伴侶之間的對話就是與自己的情結對決。

從此角度來說，人際之間的衝突其實是來自雙方的情結互炸，如果希望自己的各項關係能和諧順暢，要處理的對象就不是對方的「錯誤」，而是情結所指向的個人議題。

情結與神祕現象的關係

雖然上文以一個比較學術的方式討論了情結的概念，但「情結」還有另一個神祕的面向，它在榮格心理學中也被視為鬼神與妖異的代名詞——神靈附體、卡到陰、冤魂附身、通靈⋯⋯這些民俗的常見現象，同樣被視為情結的作用。

所以情結還有一個名字，叫做「自主情結」（autonomous complex），顧名思義，它是自主運作、不受控的，想來就來，想走就走，就好像被靈體拜訪一樣。當中比較戲劇化的表現，就是我們所熟悉的雙重與多重人格。

藉助情結理論，這些原先難解的神祕現象因此被納入心理學的視角。但問題來了，情結可以解釋全部的神祕現象嗎？為何觀落陰時，被附身的靈媒可以精準說出亡靈生前的喜好，以及只有他與詢問者兩人之間的祕密？

河合隼雄博士在述及「分身現象」時也語帶保留，「有些事情僅僅依靠情結的概念是遠遠無法解釋的」。根據榮格生前最後一位祕書安妮拉・亞菲（Aniela Jaffé）的說法，榮格本人在晚年時也感覺到了情結理論在詮釋鬼神附體現象時的不足，漸漸不再提了。這表示心理學尚無法完全說明那些令人驚奇又感嘆的神祕現象。例如，頭七時阿公的鬼魂造訪家中的小孫子，並告訴當事人他不可能知道的阿嬤的小名；又或者，僅有小學學歷的乩童，在王爺附身後即與且大量地以信徒的名字為首字來創作春聯……榮格雖仍試著用原型來解釋這一切，但依然讓榮格心理學在心理學界蒙上了神祕主義的色彩，又讓神祕學家感覺榮格心理學在侵門踏戶。處在尷尬位置的榮格心理學因此也充分體現了情結的難以捉摸。

結語：精彩萬分的學術著作

情結理論從身心疾病的研究出發，在揭開心靈運作原理的同時，也推開了宗教與靈界的大門。而將情結論述得最完整的書就是這一本，它同時也是河合隼雄最傑出的早期作品。

我會將本書稱作自我瞭解的聖經，沒有之一。

在本書出版後的十六年，作者又完成了《影子現象學：探索陰影與它的國度》[1]，某種程度上，該書可被視為《情結》的續篇，情結與陰影的問題至此終於各自有了完整的解釋。

兩書珠聯璧合，互為補充，其所延伸探究的問題實在太多，我在驚訝於作者對人性觀察之廣闊深刻的同時，又覺得面對心靈的無窮變化，自己所學實在有限。雖是學術書籍，本書卻精彩萬分。能用心理學視角同時滿足大眾好奇心，又不違榮格專業的作者，似乎也只有河合隼雄博士了。

---

[1] 編註：繁體中文版由林暉鈞翻譯，心靈工坊出版，二〇二五年一月。

| 推薦序三 |

「情結」不只是「情結」：撥開「複雜性」的迷霧

魏宏晉（實踐大學兼任助理教授、《榮格心理學指南》譯者）

河合隼雄先生精通精神分析，深諳日本文化，卻也還得用一整本書的篇幅，佐以旁徵博引，輔助案例對照理論，才足以清楚解釋日譯後的「complex」一詞，足見精準把握此字原旨要義之不易。

日本學界譯介西方學術名詞，常使用漢字以補日語假名音譯稍遜形神之憾，而由於字義直通，應節合拍，許多便為華人學界直接因襲，比如，哲學、心理學、精神分析等，毫不違和。然而，在翻譯「complex」時，華文學界的用法和日本的有了分歧，日本最終以片假名音譯作「コンプレックス」；在中文裡，如今則通用為「情結」。不管

是「コンプレックス」或者「情結」，都已經在各自的社會裡生根發芽，借河合先生的話就是「幾乎完全融入了日本人（中國人）的日常生活」裡。

本書首章開宗明義便直指該詞在日本的翻譯歷史，河合先生畫龍點睛地暗示了「complex」的概念並不一般，「最初這個用語被介紹到日本時，曾經有『心的複合體』或是『複合』等翻譯，目前則直接音譯」；一樣地，「complex」的概念被引介入中國之初，也曾經過反覆砥礪，不同的翻譯方式，代表譯者各自的理解或者重視的面向。

一九二一年，朱光潛1先生在上海《東方雜誌》發表〈福魯德的隱意識說與心理分析〉一文，允為中國比較詳盡介紹精神分析理論之濫觴，但該文沒有提到「complex」的概念。朱先生稍後寫作《變態心理學》，介紹包括佛洛伊德等學者的心理學學說，一九三〇年由上海開明書店出版。書裡，他將「complex」譯為「情意綜」，對後來有比較大的影響。高覺敷在一九三三年翻譯出版的《精神分析引論》（Neue Folge der Vorlesungen zur Einführung in die Psychoanalyse）中，特別於卷首撰寫「譯言」，對幾個翻譯關鍵詞做出說明：「關於譯名，我所用的都較為普通，然而下列數詞卻有聲明的必要：『complex』有譯為『心組』的，我則譯『情意綜』，此詞為吾友朱君孟實所創，

情結：內心隱形的拉扯力量　　018

不敢掠美。」

孟實為朱光潛先生的字，至於選譯作「心組」的是余文偉，一九二六年，他在上海《民鐸》上發表〈佛洛特派心理學及其批評〉長文，評介佛洛伊德理論。

此外，一九二〇、三〇年代，還有謝六逸與契可親採用「錯綜」的譯法。到了一九四〇年代，心理學家潘光旦翻譯英國性學家靄理士（Havelock Ellis）的《性心理學》（Psychology of Sex），特別在文中譯註裡指出：「精神分析派常用的『complex』一字，有人譯為『癥結』，也有人說，可以譯做『疙瘩』，都可以過得去，今酌定用『癥結』。精神上鬱結不解的『癥結』，與普通行文時所用的『癥結』，例如，問題的癥結，自是不同，讀者自可參照上下，自可不致相混。」

台灣在一九六〇年代末引進精神分析理論，起初翻譯「complex」也有見選用「癥結」的，但很快地，「情結」的用法便流行了，與此同時，「情意結」與「情意綜」也間或可見；而中國大陸地區在一九七〇年代末改革開放後，重啟西方思想的正常譯介，

1　編註：朱光潛（1897-1986），筆名孟實、盟石。安徽桐城人，中國現代著名的美學家、文藝理論家、教育家、翻譯家，亦是引進各種西方心理學說的第一人。

就算重版早期著作,也都統一改為「情結」,比如一九八六年潘光旦的《性心理學》,以及一九八七年高覺敷的《精神分析引論新編》等簡體字重版,內文的「complex」都改譯為「情結」,這可能與官方統一外文譯詞標準有關。

引進新的外語詞條,譯法通常有段「百家爭鳴」的時期,因此「complex」起初有多種譯法,各國皆然,無可厚非。有趣的是,日本最後選擇了音譯,而台灣與大陸終究卻以「情結」為依歸,何以如此?「情結」看來望文差可知意,「心似雙絲網,中有千千結」,古典與雅緻兼之,日本人何不「從善如流」?

河合先生在他書中沒有直接觸及這個問題,畢竟他著書目的不在考據,但長篇論述,卻也足以說明此事與不同文化的語言字義轉譯後,無法「一言以敝之」有關。榮格原本使用「complex」的脈絡是指「情感複合體」(德語:gefühlsbetonter Komplex),是用以說明「某種情感集結而成的心理內容集合體」,它不只是望文生義的「情結」,單指一股憋在某處而無可伸張的胸中鬱結,而是可能有很多股情感集合醞釀,交互作用的結果。因此,「complex」的內涵是動態的「複雜性」(complexity),會產生情感的「複雜性系統互動」,如人腦、氣候、生態,甚至到整個宇宙,都是複雜性系統,皆具自發「湧現」(emergence)新現象的能力,本質上都是難以建模的系統。

也就是說，根據複雜性理論，作為心靈活動的關鍵點或樞紐的「complex」，基本上是難以掌握與預測的。它存在無意識當中，有如另一個（或者多個）活生生的人格，這種「另一個我」的現象包括內心感到分裂、雙重人格以及分身等，與意識自我（ego）並存，對心靈的運作（包括行為、情感和人際關係等）產生顯然地深遠影響，正如同榮格所說的：「（『complex』是）心的生命的焦點，也是節點，絕對不能消失不見。因為一旦『complex』消失，心將停止活動。」

因此，「complex」這個精神分析外來語，除了一「此無故」，本土自來無有，尚兼以「含多義故」，意義紛歧，不僅無法以病理化的「癥結」以偏概全；簡化為單純心理現象排列組合的「心組」自亦不宜；「錯綜」的形象有餘而內涵不足；至於「情意綜」雖然顧及情緒與意念交織形成的心理複合體之意，強調多元素動態交織，但是少了望文生義的文化形象；反而簡化其相似用詞，捨動態而就形象的「情意結」為「情結」來得簡單可親，或許這就是「情結」得以風行的緣故吧。

然而，「情結」雖以字義浪漫易解勝出，卻稍遜精義神髓。河合先生深知問題癥結，「……了解這個用語正確意義的人，也出乎意料地少。這是我想要重新思考『情結』的原因」，他「重新思考」的精華結晶正是本書。

本書初版於半世紀前的一九七一年,歷經五十年,久陳依舊彌新,仍然值得細品。對於「complex」,我們一知半解,惟閱讀本書後,經過榮格專家河合先生深入淺出地解說,終將恍然大悟,原來「情結」不只是「情結」,有若自「複雜性」的迷霧中甦醒。

第一章　什麼是「情結」？

1 是什麼威脅了我們的主體性

我們總以為自己的行為是由自己控制的。想吃什麼就吃，不想吃就不吃。我們依照自己的意志行動，我們的一舉一動都具有主體性，但事實並非總是如此。我們的主體性比自己所相信的要來得薄弱，也有許多人因為行為違背自己的意志而感到苦惱。

「情結」這個名詞，原本是心理學的專業術語，但是它現在已經成為日常用語的一部分。我們經常可以在生活對話中聽到「那個人有很深的情結，不好相處」、「我對音樂有解不開的情結」等等說法。

最初這個用語被介紹到日本時，曾經有「心的複合體」或是「複合」等翻譯，目前則直接音譯成片假名（コンプレックス）。如今，這個詞幾乎完全融入了日本人的日常生活，但是很少人知道，最早以現在這個意思使用「情結」一詞的，是瑞士的精神科醫師榮格，而且了解這個用語正確意義的人，也出乎意料地少。這是我想要重新思考「情結」的原因。首先讓我們來觀察，是什麼樣的心理現象會令人們感覺到「情結」的存在？以此作為出發點，我們將逐步深入探討這個問題。

在某種意義上，我們可以說，精神官能症患者就是因為自己的行為違背自己的意志，而深感痛苦的人，比方對人恐懼症[1]就是一例。

有一位女學生不知道為什麼，因對人感到恐懼而無法外出。她並沒有什麼特別的理由，自己也覺得「這種擔心很愚蠢」，可是一旦要外出就會心生恐懼，怎麼樣也踏不出門。雖然受苦的當事人也知道「不會發生什麼事」，但恐懼的情緒依然違背她的意志湧現上來──這就是對人恐懼症的特徵。

又比方說，最近因為案例大增而造成社會問題的學校恐懼症[2]，也是例子之一。許多有這種症狀的學生，他們學習認真、成績優良，也不討厭學校或老師（關於這一點，其實使用「學校恐懼症」這個名稱容易招致誤解。患者在意識上，對學校或老師並沒有任何恐懼）。相反地，有些學生甚至為了去上學，會從前一晚就開始計劃、分配時間，但是一到了早上，「不知道為什麼，就是沒辦法去學校」。到底是誰違背了這位認真學生的意志，讓他沒辦法上學？

---

1 編註：日文原文為「対人恐怖症」，近似台灣所稱的「社交焦慮症」。
2 編註：School Phobia，又稱校園恐懼症、拒學症、或懼學症。

025　第一章　什麼是「情結」？

關於違背當事人意志的行動，更戲劇化的情況應該是歇斯底里3吧──芭蕾舞者在出場前一刻，突然雙腿麻痺而無法跳舞；預定在會議上發表重要報告的上班族，前一天聲帶突然發不出聲音。在這些狀態下，身體的機能違背了當事人的意志，擅自停止運作，當事人對身體的主體性完全受到壓制。這些患者明明身體沒有任何異常，卻有的人眼睛看不見、有的人耳朵聽不見。在佛洛伊德與榮格早期的論文裡，記載了許多這樣的案例。雖然大家都說這樣的案例已經大量減少了，但絕非全然消失，即使是現在，還是有這樣的患者來向治療師求助。

對於上文所述精神官能症的案例，讀者們或許會認為事不關己，只覺得：「世上真是無奇不有，竟然也有這種事啊！」又說不定讀者們會想，那些都是「異常」人的身上。但事實上，隔開正常與異常的那堵牆，並不像世人所認為的那樣堅固。

舉例來說，對人恐懼症就是如此。這種精神官能症是一種日本人特有的症狀，很能幫助我們了解日本人的心性，但出乎意料的是，許多一般人也有近似的苦惱。有相當多的人，就算症狀沒有到「對人感到恐懼而不敢外出」的程度，也會因為「容易在他人面

前臉紅害羞」而苦惱。

在京都大學保健管理中心擔任精神科醫師的笠原助理教授，為了闡明對人恐懼症的精神病理，付出了長期而持續的努力。他發表了非常有趣的統計結果（《全國大學保健管理協會會刊》第四號）。根據昭和四十二年（1967），京都大學的兩千四百八十一名新生在入學時填寫問卷所得到的統計結果，勾選「容易臉紅」的學生有九百九十五名（40.1%），勾選「在意他人視線」的有七百九十八名（32.2%）。當然，問卷告知學生們「就算過去一年當中只發生過一次」也可以「輕鬆地」勾選；我們也必須考慮到這些新生在過去的一年，為了準備考試承受了嚴峻的壓力。儘管如此，這個數字之大還是令人吃驚。這些學生並非全部都患有精神官能症，絕大部分都過著「正常」的學生生活，但是他們都曾經在人際關係中經驗到某種不安，這是不可否認的事實。

在榮格在《分析心理學二論》所記載的歇斯底里病例中，有一位女性患者聽到摯愛的父親去世的消息時，無法控制地發笑。在她的意識裡，父親過世是令她非常哀傷的

3 編註：hysteria，原指因未知恐懼等因素引發的情緒失控，或產生無法以醫學檢查驗證的身體不適等症狀。根據《精神疾病診斷與統計手冊》第五版（DSM-5），歇斯底里已不再被視為正式的精神疾病分類，其相關症狀則改以更精確的診斷名稱，如轉換症等。

事，但是卻無法制止自己「發笑」。或許有些人認為這種戲劇化的歇斯底里症狀和自己無關，不會發生在自己身上；但即使是這樣想的人，大多數說不定也都遭受過「發笑」的突襲。許多人有這樣的記憶吧？小時候參加嚴肅的典禮，卻因為很無聊的小事想笑，必須苦苦忍耐，甚至真的忍不住笑了出來，而被斥責一頓。或者是去看醫生時，明明先告誡自己要保持正經，但聽診器一碰到皮膚就想笑，讓人不知如何是好。那個不理會自己意志的控制，擅自嘰嘰嘎嘎笑出聲的人，到底是誰？

日常生活中，我們也經常經驗到違背自己意志的行為，比如說錯話，或是忘記事情。明明是熟識已久的人，當面看到卻突然忘記他的名字；或是在重要的場合，脫口說出不得體的怪話來。

榮格在〈論早發性失智症的心理〉中舉出許多這樣的例子。比方某位男性（Ａ）的前女友，和他分手後與另一位男性（Ｂ）結婚。Ａ與Ｂ因為工作的關係，彼此認識而有往來。某一天Ａ要寫信給Ｂ，卻怎麼也想不出Ｂ的名字，十分困擾。關於這樣的事情，佛洛伊德也做了許多研究，甚至以此為主題寫了《日常生活的精神病理學》一書。

筆者自己也聽過這樣的例子。有一位女性與學生時代的老師相約，他們好久沒有見面了。她準時在約定的地點等候，但老師一直沒有出現。遲到很久以後，老師終於來

情結：內心隱形的拉扯力量　　028

與歇斯底里的情況不同的是，在這種場合下「說錯話」的原因，自己遵守了約定的時間，老師卻讓她等那麼久，心裡當然有點不高興；但另一方面她知道老師的生活十分忙碌，同時也覺得這一點小事沒什麼。後來老師到了，卻完全沒有對自己的遲到表示歉意，只是輕描淡寫地說了一聲「你好」，於是「讓您久等了」這句話便違背她的意志脫口而出——那是她期待老師會對她講的話。

這個例子告訴我們一件重要的事情：這位女性的心裡，發生了某種「分裂」。一方面老師讓她等那麼久，她不太高興；另一方面，她想要平靜地接受「老師遲到」這件事。當後者（想要接受的心）試圖作為主體而行動時，前者（不高興的心）反叛了，讓她說出意想不到的話來。經由這個例子我們可以推想，在之前我們舉出的例子裡，是否都發生了某種內心的「分裂」現象？而且當事人只意識到其中一方，忽視了另一方。

在剛剛的這些例子裡，我們看到即使是所謂「正常」的人，主體性也會受到威脅與壓制。不僅如此，在我們的日常經驗裡，其實這樣的事很常發生，不是嗎？比方「不知道為什麼，就是覺得一肚子悶氣」——這是怎麼回事？還有，日本人會這樣說某個人：

「我肚子裡的蟲子不喜歡他」（虫がすかない）——這是什麼意思？日本的語言中有很多類似的表達方式，很能刺激我們思考。因為不是「我」不喜歡，而是「蟲子」不喜歡，所以我不可能了解其理由。如果是這樣，那麼在我的體內，卻和「我」不一樣的「蟲子」，到底是什麼東西呢？在試圖闡明所有這類現象的時候，「情結」的概念很自然地會浮上我們心頭。不過在這一節的最後，我還要提出另一個威脅到我們主體性的現象。

——那就是夢。夢是我們自身的心的現象，但是我們卻無法根據自己的意志，想夢見什麼就夢見什麼（雖然也不能說，意志的力量對夢的現象完全沒有影響）。有一位接受筆者心理分析的患者，每天所做的全都是可怕的惡夢，於是他試著在入睡前回想小時候的快樂經驗，但這卻對他夢中的內容沒有任何影響。

榮格經常提到一件事：聖奧古斯丁[4]為了提升自己的人格而終生努力不懈，但仍然會做一些違背他意志的夢。最後他認為：神應該不至於因為我們所做的夢的內容，而追究我們的責任吧！即使是聖奧古斯丁，也無法做自己想做的夢。

因為夢有這樣的性質，所以能大大地幫助我們闡明先前描述的各種心理現象。關於這一點，我們將在第五章詳細討論。

情結：內心隱形的拉扯力量　　030

2 詞語聯想測驗

以某個單詞作為刺激詞,讓接受測驗的人講出他所聯想到的詞語——這種詞語聯想測驗在榮格之前就已存在。馮特(Wilhelm Maximilian Wundt, 1832-1920,德國心理學家)[3]與高爾頓(Sir Francis Galton, 1822-1911,英國遺傳學家,也做過心理學研究)都曾經使用過這樣的方法。但正如榮格自己所言(伊凡斯《與榮格對話》)[5],他的見解之所以獨特,是因為他重視人們進行聯想時所花費的時間,更勝於他們所聯想

---

4 編註:聖奧古斯丁(St. Aurelius Augustinus, 354-430),生於羅馬帝國末期,北非阿非利加行省的塔加斯特城,是天主教的神學家、哲學家。死後被天主教會封為聖人和教會聖師,也被東正教會等奉為聖人,並稱為恩寵博士(拉丁語:Doctor Gratiae),但其部分神學理論不被東方基督教認同,而被視為是若干異端理論的重要源頭。他的死也被西方史學界視為歐洲在精神層面上的中世紀的開始。

5 編註:伊凡斯(Richard I. Evans, 1922-2015),美國社會與健康心理學家,以其在心理學史和媒體心理學領域的貢獻而聞名。

到的內容。比方聯想的時候反應極度遲緩，或甚至無法產生聯想等等現象。聽到一個單詞，不管聯想到什麼詞語，都可以輕鬆地說出來——這件事乍看簡單，但實際進行時，誰都會在意想不到的地方遇到障礙。要不是答不出來，就是反應變得非常遲緩。榮格認為，這些現象並非源於智力方面的障礙，而是出於情緒性因素，並且將聯想測驗運用在臨床上。榮格第一次發表與這個方法相關的卓越見解，是在一九〇四年時，並因此受到心理學界的矚目，更成為他日後受邀到美國的大學授課的契機。

榮格所使用的詞語聯想法，是預先設定一百個刺激詞，並告訴受測者：「從現在開始，我將依序說出一個接一個的單詞。聽到每一個單詞之後，請盡快說出你所聯想到的詞語，只要說出一個就好。」施測者手持計時碼表，記錄下受測者聯想到的詞語，以及每一次反應所耗費的時間。

以這個方式完成一百個聯想之後，施測者告訴受測者：「我們將從頭再做一次，請說出與上次相同的回答。」接著重複一次同樣的測驗。當受測者記得自己上一次的反應時，施測者寫下正記號（＋），忘記的時候則寫下負記號（－）；如果受測者說出與第一次不同的詞語，則記錄下他第二次的回答。榮格自己用於聯想測驗的刺激詞，從最早期開始到後期有些微改變，現在榮格研究所所使用的刺激詞，則如表1所示。

情結：內心隱形的拉扯力量　　032

表1　榮格聯想測驗的刺激詞

1 頭	26 藍色的	51 蛙	76 洗
2 綠色	27 燈籠	52 別離（動詞）	77 牛
3 水	28 侵犯	53 空腹	78 奇妙的
4 唱歌	29 麵包	54 白色的	79 幸運
5 死亡（名詞）	30 有錢人	55 小孩子	80 謊話
6 長的	31 樹	56 提醒（動詞）	81 禮儀
7 船	32 刺（動詞）	57 鉛筆	82 狹窄的
8 付款	33 同情（名詞）	58 悲傷的	83 兄弟姊妹
9 窗戶	34 黃色的	59 杏桃	84 害怕（動詞）
10 親切的	35 山	60 結婚	85 鶴
11 書桌	36 死亡（動詞）	61 住宅	86 錯誤
12 追尋	37 鹽	62 可愛的	87 擔心
13 村落	38 新的	63 玻璃	88 親吻（名詞）
14 冷的	39 癖好	64 爭	89 新娘
15 莖	40 祈禱（動詞）	65 毛皮	90 乾淨的
16 跳舞	41 金子	66 大的	91 門
17 海	42 愚蠢的	67 蕪菁	92 選擇（動詞）
18 疾病	43 筆記（名詞）	68 塗抹	93 乾草
19 自豪（名詞）	44 蔑視	69 部分	94 高興的
20 煮	45 手指	70 老舊的	95 嘲笑（動詞）
21 墨水	46 昂貴的	71 花	96 睡覺
22 憤怒（名詞）	47 鳥	72 擊打	97 月
23 針	48 落下	73 箱子	98 漂亮的
24 游泳	49 書	74 粗暴的	99 女人
25 旅行（名詞）	50 不正當的	75 家人	100 侮辱（名詞）

* 編案：此表翻譯自日文。如中文刺激詞的詞性較為模糊時，則以日文版表格的詞性為準，標示於後方括號中。

表2　詞語聯想的結果範例

刺激詞	反應詞	時間*	第二次回答
1 頭	鼻子	21	－
2 綠色	牧場	5	＋
3 水	湖	13	小艇
4 唱歌	歌	16	－
5 死亡	S. T.**	42	＋

＊　時間以 1/5 秒為單位。
＊＊　與受測者的岳父容貌相像的人的名字。

該表的內容直接翻譯自德語，但在詞性等部分做了些微的更動。英語系國家所使用的刺激詞表，考慮到文化的差異，也與德語版有些微不同。所以，若要正式在日本採用這份表格，也必須考慮文化差異，做出一些調整（第85號刺激詞「鶴」在德語版原文中是「白鸛」。在歐洲文化圈特有的民間傳說中，白鸛是為人們帶來新生兒的「送子鳥」，因此被選為刺激詞之一。在日本使用這個詞語表時，我們暫且將它變更為「鶴」）。

表2是某份測驗記錄的開頭，可以讓我們看見測驗如何進行。這位受測者對於最開始的「頭」這個刺激詞，用了四・二秒說出「鼻子」，但重複第二次的時候，他忘了自己第一次的回答。而第二個刺激詞「綠色」，他只用了一秒鐘的時間就說出「牧場」，而且重複第二次的時候也還記得。第三

個刺激詞「水」，他第一次聯想到的是「湖」，第二次記錯了，回答了「小艇」。第五個刺激詞「死亡」，他的反應非常慢，花了八・四秒，而且他聯想到一位與他岳父長得很像的人，回答了那個人的名字。從這裡可以很明顯地看出異常。

這個測驗就是以這樣的方式，讓受測者針對一百個刺激詞說出自己的聯想。不論是誰，乍看之下都會以為它很簡單，真的接受測驗後就知道並非如此。自己一個人看著這張表時，大概會覺得聽到「頭」回答「腳」，聽到「綠色」回答「紅色」就好了。而一旦面對手持碼表的施測者，我們很容易講出自己意想不到的回答，或是思緒卡住，一句話也說不出來（有興趣的人，可以請別人幫忙試著做做看）。

實際進行聯想測驗後，榮格發現即使在這種單純的聯想過程中，人們也會發生各式各樣異常的反應。關於這一點，讓我們更詳細地檢討一下表2所呈現的案例。榮格曾經與心理學家法蘭茲・貝達・里克林（Franz Beda Riklin, 1878-1938）合作研究詞語聯想測驗，也曾共同發表論文。里克林的兒子法蘭茲・尼克勞斯・里克林（Franz Niklaus Riklin, 1909-1969）也是心理學家，曾擔任榮格研究所的所長，這個案例即是由他所發表（〈榮格的聯想測驗與夢的解析〉）。

這位受測者是一位二十八歲的男性。如同表2所示，他對詞語5「死亡」的反應異

035　第一章　什麼是「情結」？

常，花了相當久的時間才做出反應。關於這一點，受測者表示，他一聽到「死亡」這個詞語，腦子裡就浮現了「屍體」的模樣，心裡也想起某些人——自己明明沒有傷害過那些人，卻被他們苦苦折磨——他想過「他們要是死掉就好了」。舉例來說，受測者拜師學藝的那位師父脾氣非常暴躁，沒事就亂發脾氣，這種時候他都很希望師父去死。接著他說，父親雖曾待自己不公平，他卻「絕對沒有想過，父親要是去死就好了」。

根據里克林的報告，這位受測者對於詞語72「擊打」，第一次花了十一秒才回答出「棒子」，第二次則回答「受傷」。對於這樣混亂的反應，受測者表示，父親經常用棒子毆打他，但在毫無理由的毆打之後，又突然對他非常親切慈愛，讓他感到非常困惑。

根據里克林的描述，受測者在其他方面的反應，也呈現了同樣的傾向。一旦受到外界的某種刺激，「死亡」、「擊打」這些刺激詞的時候，心中浮現有關父親的記憶與情感，使他無法以意識控制，不能做出適當的反應，所以才會發生「反應時間遲緩」或「重複時想不起第一次的答案」這類障礙。父親、嚴厲的師父、岳父，以及和他們外表相似的人等等，在他心中交纏成一塊，並且染上憎恨的情感。而他本人說「絕對沒有想過，父親要是去死就好了」，顯示出當事者對於上述的

情結：內心隱形的拉扯力量　　036

事情，並沒有清楚的意識。

我們的無意識之中，存在著由某種情感集結而成的心理內容，而這個心理內容的集合體，能妨害我們日常的意識活動。榮格觀察到這樣的現象，並且將這種心理內容的集合，命名為「情感複合體」（gefühlsbetonter Komplex），後來則以省略的方式稱呼為「情結」（Komplex）。

我們可以從這位受測者的情況看出，他對父親懷有攻擊性的情感，而且這種情結很強烈，到了希望父親死去的地步（當然，除了前面提到的兩個反應，這位受測者是路面電車的駕駛員，有一次電車即將靠站時，他原本應該踩煞車，卻無意識地讓電車加速。當時一位路人以為電車會停下來而正要橫過馬路時，被他所駕駛的電車壓死了。從上述聯想測驗的結果，以及當事人接受治療師會談的分析，再加上他事後回想起來，車禍死者與他的父親外表相似——以上這些線索，得以讓我們看出受測者內心的運作機制。

榮格為聯想測驗制定了一種通稱為「情結指標」（complex indicator）的基準，以作為顯示情結存在的線索。除了前面提過的兩點：

第一章　什麼是「情結」？

還有以下幾個基準：

(1) 花了很長的時間才做出反應。

(2) 無法進行聯想。

(3) 原封不動地複誦刺激詞作為回答。

(4) 回答時用了兩個以上的單詞（例如：聽到「頭」，回答「頭腦不好是一種損失」）。

(5) 對於刺激詞的意義有明顯的誤解。

(6) 第二次的時候忘記前一次的答案，或是答錯。

(7) 將刺激詞翻譯成外文作為回答（例如：聽到「頭」，回答「head」）。

(8) 一聽到刺激詞，首先回答「是」，或者在作答之前說一些其他的話。

(9) 明顯奇怪的反應。

(10) 一再反覆同樣的反應詞。

(11) 觀念的固執（例如：聽到「頭」而聯想到「鼻子」之後，對於下一個刺激詞

情結：內心隱形的拉扯力量　038

「綠色」，因為固執於前一題的聯想邏輯（五官），於是回答「眼睛」。若不是嚴重的精神病患者，這樣的情況極為罕見）。

以上述的情結指標作為基礎，進行了一百個聯想分析之後，再像上述里克林的案例那樣，特別針對那些符合情結指標的反應，請受測者說出他的感想。這樣一來，受測者的情結便能清楚地顯露出來。即使是一開始努力不露出破綻的人，在測驗進行超過一半之後，也會因為疲倦而呈現紛亂的狀態。因此有時候治療師會在進行分析時，將測驗分為前半與後半，並且推測：到了後半階段就迅速地變得紛亂的人，很可能有比較強烈的防衛態度。

還有一點——根據榮格的研究，一般成人的平均反應時間是一・八秒。

榮格曾經用這個方法發現罪犯、殺人犯。為了向學生示範這一點，我進行過一個有趣的實驗：我在教導某大學心理學系的學生進行「聯想測驗」時，把三名學生叫到教室外，命令其中一名潛入某教授的房間，從書桌的抽屜中拿出鑰匙，並打開衣櫃，從教授外套的口袋中拿出錢包，偷取一張千元鈔（這當然是演戲，事先已徵得該教授的理解與同意）。對於剩下的兩名學生，則命令他們做一些無關痛癢的事，比如繞著校園走一圈

之類的。然後我告訴留在教室裡的其他學生們，這三名學生之中有一名偷了教授的錢（雖然是演戲的），要他們運用聯想測驗找出「犯人」。

接下來，我們讓前述三名學生先後輪流進入教室，由我主持聯想測驗。在刺激詞表中，已經事先放入了「鑰匙」、「衣櫃」、「千元鈔」等詞語。結果，大半的學生都能從測驗結果猜到「犯人」是誰，證實了聯想測驗的威力。扮演「犯人」的那位學生，為了掩飾、隱藏，反而做出一些奇怪的反應，或是花了很長的時間來反應，因此露出了馬腳。

但是自從那次之後，我再也沒有做過類似的實驗。因為，雖然學生們都熱衷於尋找「犯人」，但刺激詞表中還有許多與「犯罪」沒有直接關係的單詞，使受測的三位學生在意料之外的地方反應延遲──簡單來說，發生了情結指標所顯示的障礙。那些觀察力敏銳的人，能藉此看出那三位學生的情結。這樣的結果，讓我對那三位幫忙演戲的學生感到非常抱歉。所以，雖然是深具啟發性的實驗，我只做了一次就不再繼續。

雖然現今在實際的臨床治療中，已經很少使用詞語聯想法了，但是它的基本概念仍然活用在許多投射測驗之中。今日，在投射測驗中經常使用的羅夏克墨漬測驗（又稱墨跡測驗，讓受測者觀看像墨漬一樣的圖案，接著詢問他們圖案看起來像什麼），或是主

情結：內心隱形的拉扯力量　　040

題解理測驗（Thematic Apperception Test，讓受測者觀看意義模糊的圖片，請他們根據該圖片編故事）等等，其基本的概念也有部分來自榮格的詞語聯想法。

此前我們試著經由聯想實驗——就像榮格曾經做過的一樣——來證明情結的存在。

但是在這過程中，我們用以說明的許多詞彙，如意識、無意識、主體性等等，我認為都需要從理論上做更進一步的探討。我相信也有一些讀者讀到這裡，會感覺霧裡看花、似懂非懂吧。因此下一節，我將試著針對這些問題，做一些理論方面的說明。

3 自我

在先前的論述裡，我們一直是以較輕鬆、未經深思的態度使用「意識」、「有意識的」等詞語。無意識與情結，是以「意識」為前提構想出來的概念。既然本書將以許多篇幅來探討情結，我認為在那之前，有必要考察意識的問題。

「意識」在心理學中，是個不受歡迎的存在。影響力在近代逐漸擴大的實驗心理學，認為意識是主觀的，並且主張只有客觀的事物才能成為科學研究的對象，因而建立了所謂「不談意識的心理學」。另一方面，公認是臨床心理學基礎之一的精神分析學，

又過於強調「無意識」的部分，對於意識的問題幾乎視而不見。

「意識」之所以常被排除在學術研究的對象之外，理由之一是因為對意識的了解，除了仰賴當事人的報告，我們別無他法。說得更極端一點，我就算可以了解自己的意識，也不可能真的了解他人的意識。戶川行男（1903-1992）最近出版的《臨床心理學論考》是少數從正面挑戰意識問題的巨作。作為意識問題的出發點，戶川首先思考了「我的意識」，接著以很長的篇幅討論「我的意識如何與他人的意識產生關係」。在這裡，筆者只想指出這個問題的困難，並不打算進入實質的討論。在談論意識時，戶川說道：「將我感覺到的『這個』命名為意識。」這句話頗為耐人尋味。意識所具有的性質，除了稱之為「這個」以外，別無他法。不論是誰都可以「直接」認識它，卻無法客觀地向他人展示。

法國精神醫學學者昂里・耶（Henri Ey, 1900-1977），在他的名著《意識》的開頭這樣寫道：「所謂意識到（某事物），就是生活在己身經驗的特殊性裡，並且將這樣的經驗轉移到己身知識的普遍性之中。」這句話明確地指出意識的雙面性，也因此展示出它作為研究對象的困難之處。的確，意識到某件事物就是經驗該事物，並且對正在發生的經驗下判斷，將它統整納入自身的知識體系之中。

情結：內心隱形的拉扯力量　042

那麼，究竟是「什麼」在「經驗某事物」？或說，當我們將經驗內容統納入知識體系的時候，那個主體是什麼？──這個經驗的主體，同時也是意識內容的整合中心，我們稱之為「自我」。

舉例來說，我與一位友人見面，向他借一本書──即使是這麼簡單的行為，在過程中運作的自我的機能也非常地複雜。首先我必須「知覺」到那位友人，而且必須「根據記憶判斷」該友人與自己是什麼樣的關係，並且我對那本書也必須進行同樣的心智活動，最後才做出向該友人借書的「意向決定」。接下來，我對友人把書借給我這件事，產生感謝的「情感」，確認到這種情感的產生後，我以道謝的行為來「表達情感」。如果我與友人約定一週後把書還給他，就必須把這個約定「放入記憶之中」，同時「設定未來的計劃」，規劃如何在這一週內讀完這本書。這些事如果一件一件寫出來，會繁瑣到令人厭煩的地步，但我們的自我卻能在極短的時間內，完成這些繁瑣的步驟。將這個例子與其他動物的行為比較，就可以理解到人類的自我機能是何等發達。

人剛生下來的時候，並沒有明確的自我，聽覺與視覺也尚未發揮作用。但隨著時間過去，嬰兒開始能知覺到外界的事物，也將知覺到的內容置入記憶之中。話雖如此，誰也記不得出生後一年左右的所見所聞吧。也就是說，人並不是先有知覺再產生記憶，兩

043　第一章　什麼是「情結」？

者是同時平行發展的。出生後一年第一次見到的狗，與多年後已知「狗」這個名稱之後所見到的狗，我們所知覺到的內容想必有很大的不同。我們在知覺與記憶的平行發展過程中，建立起「狗」、「馬」等概念，並且透過適當的分類，逐漸將這些概念在我們的記憶中安排定位。這種情境下，以「狗」、「馬」等等「語言」來表達實際的事物，具有相當重要的意義。

上文提到的昂里・耶曾經引述法國心理學家皮耶・賈內（Pierre Janet, 1859-1847）的一句話：「對某個經驗有意識，就是對自己述說該經驗。」以強調語言在意識中的重要性。的確，當我們說「我將在一週後歸還這本書」的時候，這件事就被統整納入我們的自我之中；或者，就算沒有以語言向他人表達，當我們在心中說「那裡有一匹馬」的時候，我們的自我就認知到了那匹馬。相對地，當幼兒第一次看到馬的時候，即使對他來說，那是一個想要用「！」來表現的驚奇經驗，但是因為該經驗還沒有被語言化，就無法成為自我所認知的事物，也無法留在記憶裡。

關於情感，也可說是如此。我們從幼兒時期，就開始經驗各式各樣的情感。這些愉快、不愉快、喜怒哀樂等情感逐漸被語言化，進而統整納入自我的體系之中。

除了上述的概念化之外，對於所知覺到的事物，自我還會進行另一項工作——在這

此二概念之間建構起關係——就是我們所說的「思考」功能。當我們盡可能地以理性的、合乎邏輯的方式不斷進行思考，自我的體系也會隨之變得更加穩固。

榮格主張，自我還有另一個功能是「直覺」，也許有人會反對這一點，但總之，所謂直覺的功能，就是在沒有明確理由的狀況下知道「就是這個」。雖然有人難以認同，但讓我們暫且同意榮格的看法。「直覺」與知覺完全無關，是一種突然出現的想法，比如「就是該往這裡走」，或是「這麼做會賺錢」等等。

透過這些功能所得到的素材，都會在與「自我」這個基準點的對照之下，整合為一個整體。自我必須具有某種程度的整合性，這很重要。也就是說，自我必須整合成為一個整體，亦即一個完整的人格，一個背負著「自出生以來的歷史」的人格。

然而，為了能夠以一個「具有整合性的人格」持續存在，自我必須具有保衛自己的機能。舉例來說，假設有一個小孩，從小父親就教導他「人不可以撒謊」，他也確實一直遵守父親的教誨。但有一天，因為某些事情，他害怕被老師罵，想都沒想就撒了謊──這時會發生什麼事呢？原本「不撒謊」是維持他自我整合性的支柱，此時他卻做出違背該原則的行為，自我因此被推入巨大的危機之中。但如果這個小孩能趕快忘記這件事，他的自我整合性就不會受到威脅。

045　第一章　什麼是「情結」？

思考這個例子，就能明白自我存在的複雜性。先前我們只強調一點——自我將自己經驗到的事物，統整納入其體系之中——但是在上述的情況裡，自我為了自己的存續與安定，將這個經驗（也就是撒了謊這件事）排除在自己的體系之外。那麼，如果自我沒有排除這個經驗，而是將它統整納入自己的體系之中，事情又將如何演變？這種時候，自我就不得不改變過去一向支撐其體系的支柱，也就是「撒謊是壞事」這個原則。

我們可以這麼想：自我同時具有兩個相反的傾向，其中一個是維持原狀而繼續存在，另一個則是改變自己。或者，我們也可以這麼想：自我永遠處於未完成的狀態，是一種對發展保持開放態度的存在。

作為一個擁有完整人格的存在，自我擁有決定意向的能力。想要去哪裡就去，想要吃東西就吃，甚至可以做出「自殺」這種否定自身存在的決定。由此可以理解，自我決定意向的力量相當強大。

自我亦與運動的機能結合在一起。也就是說，它不只支配我們剛剛所說的心理內容，還能支配我們身體的動作；而情結雖然在某種程度也是具有完整性的、心理內容的結合，但與運動的機能並沒有直接的連結——稍後我們還會談到這一點。舉例來說，我心中的「小偷情結」偶爾會冒出頭來，但也不過是「要是偷到就賺到了」這種一閃而過

情結：內心隱形的拉扯力量　　046

的念想，即使一時使自我感到威脅、動搖，也無法真的導致偷竊的行為。

上文所描述的自我的特性，當然並非與生俱來，而是伴隨著人的成長逐漸發展出來的。雖然自我的發展過程也非常重要，但在此先暫且不談。

在自我所具備的種種功能當中，有兩項特性使人類有別於其他的動物：其一，是能透過語言表達自身經驗（也因此，語言是自我體系化的重要樞紐）；其二，則是能夠自由地決定自身的意向。

自我能夠將自己視為客體，意識到自己的存在與狀態。也就是說，自我具有能意識到自我的「自我意識」。雅斯培（Karl Theodor Jaspers, 1883-1969）在他的《一般精神病理學》中，曾經談論自我意識的特性，且讓我們引述他的觀點，並簡單列舉。這些看法一方面可以歸納我們先前的論述，另一方面在之後探討自我意識的異常時，也能作為參考。

根據雅斯培的觀點，自我意識到自己本身的模式，有四種特徵：(1)主動性、(2)單一性、(3)同一性、(4)相對於外界與他人的自我意識。

(1) 主動性：以「我」為主體的意識。比如我們會說「我」在做某件事、「我」感

047　第一章　什麼是「情結」？

覺到什麼等等。以走路為例，並不是有什麼人在操縱我的腳，走路的也不是其他某個什麼人——我感覺是「我」在走路。

(2) 單一性：意識到自己只有一個，並沒有兩個。

(3) 同一性：認為貫穿自己一生的那個「我」，始終是同一個人。在我們的意識裡，一年前的自己和現在的自己是同一個人。確實，誰都無法否認自己會隨著時間不斷變化，但我們並不能因此認為自己不再是同一個人。

(4) 與外界及他人的對立：明確區別出自己與外界、自己與他人。當我們看到別人在敲鐵釘，並不會覺得那個在敲釘子的人是自己。

但以上所述的自我特性，全都只是「某種程度」如此，並非絕對。舉例來說，自我所做的意向決定，並非一直是自由的。有時我們因為太過在意別人的眼光，也會做出自己不想做的事；有時候我們甚至會覺得，心中似乎住著兩個意見不同的人；雖然說他人與自己有明確的區別，但若是看到別人吃酸梅，我們也會分泌唾液；看到別人受傷，自己好像也跟著痛了起來。

當然，這些現象依然算是在正常的範圍內，我們不會說這些狀況是自我意識的異

4 情結的結構

情結具有什麼樣的結構？在下一節中，我們將透過它與自我的關聯來說明這一點。

情結的關係才至關重要。

我們在本章的第一節中指出：即使是正常人，自我的主體性有時候也會受到相當的威脅。正如前述，我認為自我不安定的原因之一，是因為自我並非已定型的完成品，而始終處於發展、變化的狀態。追求發展的事物，勢必會在某處保有開放的可能性。已經完成的東西不會有發展。但是，開放同時也意味著暴露於危險之中。正是如此，自我與情結的關係才至關重要。

樣的異常體驗，卻都能感覺到自己的體內存在著某種心性，與這樣的異常是有關的。

外，還有另一個自己存在，或是看到另一個自己的模樣。又或者像雅斯培曾舉過的例子：一個因為吸了大麻而神智不清的人，說「現在我是一片柳丁」。但我們就算沒有這

常。那麼什麼樣的狀況，才會稱為自我意識的異常呢？比方，相信除了現在這個自己以

某位中年女性來找我諮商，原因是職場的環境讓她非常不愉快，甚至影響到健康。在一番談話之後，我逐漸明白，這位女性對最近調職過來的一位同事，感到強烈的厭

有時候，這位同事的工作態度讓她非常生氣，想要破口大罵的衝動，試著用平靜的語氣提醒這位同事，卻「發不出聲音」，最後什麼話也沒能說出口，一肚子的悶氣又怎麼也無法排解。頭又重又痛，的臉都討厭，每天早上想到要上班就很痛苦。逐漸地，她連看到那個人甚至覺得乾脆不要去公司算了。喉嚨像被什麼梗住一般，身體軟趴趴地提不起力氣，惡。

在描述這位同事什麼地方討人厭的時候，她提到這位同事很會做菜，廚，招待朋友到家裡用餐。一說到這個話題，這位女士突然激動了起來，開始滔滔不絕地批評煮飯做菜是一件多愚蠢的事。像煮飯這種麻煩事，應該要男女平等。雖然她同意吃美味的料理是一種享受，但那終究只限於「專家」做的料理；如果想吃美味的料理，就應該去餐廳。這位同事明明是「業餘」的，還宣稱自己很會做菜，全部都是吹牛。說穿了，只不過是因為沒有其他足以跟男性抗衡的能力，所以才用料理來彰顯自己吧。仔細想想，一流的廚師都是男性，說到底，她終究是不明白——女人無論怎麼努力也是敵不過男人的。

在說這些話的時候，她表現出令人讚嘆的辯才，充滿了熱情，實在是無法想像她會

因為「身體軟趴趴，頭很重」而不想去上班。還有一點很有趣的是，剛開始說到這個話題的時候，她的立場似乎偏向男女平權論，說到最後，卻突然變成了女性無能論者。事實上，這個位女士具有高度邏輯思考能力，但一談到料理，她的邏輯思考力似乎就瓦解了。

這種時候，我們會形容她「好像另外一個人一樣」滔滔不絕地、拚命說話。也就是說，她的自我受到情結操控、推動。在此，我們暫且將這個情結命名為「料理情結」，有關料理的種種事情，在她心中集結成一個集合，而且被賦予強烈的嫌惡、羨慕等情感色彩。

情結的結構，與政黨內部的派系極為相似。平時，它某種程度服從政黨的行動方針，但偶爾會自成一個團體與黨中央對抗。在這種比喻之下，我們也可以將自我視為另一個派系，只不過它以主流派的身分取得了政權。也就是說，自我握有控制運動機能的權力。在這個意義下，我們也可以將自我視為情結的一種，而它與其他情結的不同之處，只是在於自我的安定性比較高，且與我們的運動機能結合在一起。換句話說，自我是主流派，即是掌握政權的派系。

然而，就像平常服從主流派控制的派系，會在某些特定問題上拒絕服從命令一樣，

第一章 什麼是「情結」？

情結也會在特定的問題上顯露其情感。以上述的例子來說，一扯到與料理有關的事，強烈的厭惡感就開始啟動，明顯攪亂了自我的控制力。榮格將這樣的現象比喻為華格納6 歌劇中的「主導動機」（Leitmotiv）（〈論早發性失智症的心理〉）。這個比喻非常貼切。

「主導動機」指的是在歌劇進行當中，只要一出現劇情構成中的重要情感要素，樂團就會演奏固定的音樂片段。同樣地，我們在日常生活中，一旦遇見與我們的情結有關的事件或現象，與該情結交纏在一起的情感，就會源源不斷地湧上來。

那麼，面對這位女性，治療者該怎麼做才好？如果直接了當地告訴她「您有料理情結」，那麼她或許會動員整個樂團的樂器，用最大的音量奏出「主導動機」，讓治療者耳聾也說不定。

實際上在這個案例中，治療者沒有急著下判斷，而是持續與這位女性會談，傾聽她說話。於是事情的輪廓逐漸浮現：她的親生母親很早就過世，她是由繼母帶大的。而繼母生也了一個女兒，也就是說，她有一個同父異母的妹妹。她幾乎凡事都要反抗繼母，與異母妹妹也不太親近。繼母整天把「女孩子就是要像個女孩子，長大後越早嫁人越好」這種話掛在嘴上，讓當事人很反感，另一方面，她卻很羨慕被教育成傳統女性的妹

情結：內心隱形的拉扯力量　　052

妹。有時候她會突然和妹妹走得很近，甚至想要變成妹妹那樣的女性。但對繼母的反抗終究還是強烈地影響到她對妹妹的感情。為了「證明女人也可以獨立生活」，高中一畢業就離開了家。雖然她沒有明說，但我們不難想像，現在已經結婚生子、過著幸福生活的妹妹，應該是很會做菜吧！

我們暫且稱為「料理情結」的東西，其實底下還埋藏著更深的根源。對於與自己生活態度不同的妹妹，這位當事人內心顯然有強烈的糾葛，這就是一般所稱的「該隱情結」（Cain Complex）。

《舊約聖經》〈創世紀〉的第四章中，記載了該隱的故事。該隱是哥哥，亞伯是弟弟。該隱是農夫，以土地的作物作為供品；亞伯是牧羊人，將肥羊獻給上帝。上帝中意亞伯與他的獻禮，卻對該隱及他的供品不屑一顧。憤恨不平的該隱殺死了亞伯，因此遭到上帝驅逐，最後落腳在伊甸園的東邊之地。

因為這則故事，兄弟之間強烈的敵對情感——它甚至能進一步發展成對同僚的敵意——被命名為「該隱情結」，這部分我們稍後再提，但它是埋藏於人類內心深處的情

---

6 編註：華格納（Wilhelm Richard Wagner, 1813-1883），德國作曲家、劇作家，以其歌劇聞名。

感,並不單純。這篇〈創世紀〉第四章裡的故事雖然精簡,卻打動了許多人的心,他們呼籲世人必須體認到自己是「伊甸園之東」的居民、「該隱的後裔」,必須深切地內省,許多人並因此留下了偉大的文學作品。

話說回來,我們看到了在上述當事人的例子中,「料理情結」的結構是多層次的,就像派系底下還有更小的派系或團體一樣。也就是說,有些情結可能是微小而微弱的,同時也有情結是龐大或強烈的。

也有一些情結的核心,是某件創傷經驗。榮格曾在〈潛在記憶〉中描述過這樣的例子:榮格與一位年輕的女性歇斯底里患者一起散步時,這位女性的外套掉落在地上。榮格撿起了那件外套,並用手拍去衣服上的灰塵。看到他這麼做,那位女性突然一把將外套搶了過去,緊緊抱在懷中。榮格問她是怎麼了?為什麼會突然做這麼粗魯的動作?但她本人也感到困惑,不知道為什麼自己會這麼做。只知道當她看到榮格用手拍打外套時,心裡非常不愉快。事實上,這位女性之所以罹患歇斯底里症,就是因為曾經遭受父親殘暴的毆打。

遭到父親毆打雖然心有不甘,卻無法反抗。她的情結以這樣的經驗為核心而形成。

情結:內心隱形的拉扯力量　054

當她看到榮格（令她想起父親的形象）「敲打」她的外套時，情結開始產生作用，使她難以忍受。因為這個契機，榮格找出形成她情結核心的創傷經驗，得以著手治療。

在這位女性心裡，以這個創傷經驗為核心的情結確實存在，這是事實。但是，這個情結難道沒有更深沉的根源嗎？它的核心，真的只有因為遭受父親毆打而產生的恨意嗎？如果我們進一步分析下去，說不定會發現她對父親的情感，遠比表面上看起來的複雜。事實上，不論是榮格或佛洛伊德，在研究的初期都曾經認為，情結的核心有某種創傷經驗存在，只要讓患者意識到自己的創傷經驗，就可以成功治癒──確實也有這樣的案例──但是隨著治療經驗的累積，他們開始發現，情結的結構並沒有那麼簡單，而是複雜的多層次結構。

即使在今日，許多「喜歡精神分析」的人還是相信以創傷理論為基礎的、對情結的單純看法，認為只要去除「心理上的腫塊」，精神官能症就能痊癒。這點令我感到相當遺憾。他們似乎覺得，進行「精神分析」就好比從一團黏土中取出埋在裡面的彈珠，但實際上事情絕非如此簡單。一個情結的組織，不但會與其他情結的組織相互纏繞，與自我的組織也會緊密地交纏在一起。它們之間的關係如圖1所示，透過這張圖，讀者應該能大致掌握它的概念吧！

第一章　什麼是「情結」？

話題回到先前那位具有「料理情結」的女性。我們雖然已經知道她懷有強烈的「該隱情結」，但是隨著對談的持續，又發現了更多其他的心理內容。簡單來說，她對妹妹的敵意的底層，是她父親的強烈依附。當父親對異母妹妹表現出關愛，她的心裡便會產生無法抑制的嫌惡。而且，她從一開始就憎恨繼母，因為對她來說，繼母也是奪走父親的人。這方面的憎恨，也發展成對妹妹的敵意。

佛洛伊德正是注意到這種家人之間的情感糾葛，才將伊底帕斯情結（Oedipus Complex）視為人類心理中最根源性的要素。關於這一點，稍後我們還會詳細考察。男性對母親強烈的情感依附，導致他將父親視為競爭者而產生敵意，佛洛伊德將這種心理現象稱為伊底帕斯情結（又稱戀母情結）；而以女性來說，對父親的情感依附與對母親的敵視，則被稱為厄勒克特拉情結（Electra Complex，戀父情結）。兩者皆是借用希臘悲劇主人翁的名字來命名。

前述女性的案例中，問題乍看之下似乎是來自繼母，但事實上，厄勒克特拉情結存

圖1　自我與情結

（圖中標示：自我意識／無意識）

在於所有女性心裡，對象是繼母或親生母親，本質上並不重要。

剛剛我們說，情結具有多層次的結構，但佛洛伊德主張，其最根本的來源是伊底帕斯情結（女性的話則是厄勒克特拉情結，但許多人以伊底帕斯情結來統稱兩者）。在這種意義下，佛洛伊德所認知的情結帶有性的色彩。也就是說，佛洛伊德認為情結的結構特徵，是那些自我難以接受的性慾。

阿德勒（Alfred Adler, 1870-1937）與榮格反對佛洛伊德的這個想法。關於這一點，我們將在稍後的章節細究。當然，關於伊底帕斯情結，也需要更深一層的考察，但是在目前這個階段，我們暫且先為各位讀者介紹這個概念的名稱，以及其重要性。

第一章中，我們描述了情結是什麼樣的東西，以及它與自我的關係，以作為進一步論述的前提。在下一章，我們將為各位介紹一些現象，它們會以非常戲劇化的方式彰顯情結的存在。

第二章　另一個我

當我們明明知道某些工作非做不可，卻一再拖延時，常會這樣辯解：「其實我也是一直跟自己說要趕快做啦！」這時候，那個覺得應該「開始工作」的是「我」，那個實際上遲遲沒有著手的也是「我」。還有一種情況，當我們正要動手做那些非做不可的事時，會聽到「內心的聲音」說：「其實這件事不做也無所謂。」這種時候我們會感覺到「我」似乎分裂成兩半，但那也不是完全的分離。我們一直是如此一邊處理類似的矛盾，一邊以單一的人格活著。

如前章所述，正是「情結」引起了這些矛盾、威脅了自我的主體性。在某些戲劇化的極端情況下，情結會顯現為一個人格，奪走自我的地位，形成雙重人格。在我們的比喻中，自我是握有政權的主流派；但是在雙重人格的狀況下，原本只是一個派系的情結，驅逐了自我，取得了政權。

沒有其他現象可以像雙重人格一般，清楚鮮明地呈現出情結的威脅性。「另一個我」將自我一把推開，現身到現實的世界。接下來，讓我們透過一些例子來討論這個現象。

1 雙重人格

所謂雙重人格，指的是在同一個人身上，交互出現兩個不同人格的現象，而兩個人格之間，不具有自我意識的連續性。其實這兩者之間自我意識的連續性，有兩種不同的情況：其一，是兩個人格都不知道另一方的所作所為；其二，則是只有在A人格活動時，與B人格具有連續性。也就是說，B人格「知道」A人格所經歷的事情（譯案：但A人格「不知道」B人格的經歷）。

談到雙重人格，不論是誰都會想起史蒂文森（Robert Lewis Balfour Stevenson, 1850-1894）著名的小說《化身博士》吧！主人翁哲基爾博士借助一種祕密藥水的力量讓自己變身，成為自己內在的邪惡化身海德。他偷偷地享受海德所犯下的各種惡行，感覺到危險的時候，又藉著藥水變回哲基爾博士。他持續過著那種生活，海德的力量卻越來越強大，到後來只要哲基爾博士一入睡，就會自動變身成為海德。最後，故事以哲基爾（也就是海德）的自殺作結。

這個非現實的故事，一出版就獲得極大的成功。據說它在一八八六年一月發行後，半年內就賣出六萬本。我認為是因為書中巧妙地描繪出人類「內心的現實」。先前我們

061　第二章　另一個我

一再重複提到，大多數人都曾在心裡感受到自己的「分裂」；甚至會感覺到那個被分離出來的部分，幾乎像是另一個單獨的人格（就像海德一樣）。

這裡請容我稍稍賣弄學問，加入一些學術性的註釋：根據小說的描述，哲基爾與海德之間的自我意識帶有連續性，因此嚴格說起來，這個故事並不算是真正意義上的「雙重人格」。不過，相對於哲基爾漠不關心，就算對他有些許記憶，那也不過像山賊記得在被追緝時有哪些洞窟可以藏身罷了」。因此，從海德到哲基爾的連續性，是模糊而淡薄的。如果真的要嚴格遵循雙重人格的定義（比方稍後敘述的案例），那麼哲基爾與海德就應該互相不知道對方；或者只有一方知道另一方的存在。仔細想想，由於這個故事在意識連續性的處理上有些模糊不清，所以讀起來難免會感到牽強。

哲基爾與海德是虛構的故事，那麼現實中的案例又是如何？雙重人格的現象應該自古以來就已存在，只是一直被當作巫術、宗教的現象來討論。大約從十九世紀後半葉，人們才開始將它視為純粹「心理學的」問題，加以明確記述及研究。各種文獻中所記載的案例數量相當多，其中較為知名的是威廉・詹姆士（William James, 1842-1910）與莫爾頓・普林斯（Morton Henry Prince, 1854-1929）等美國學者所報告的案例。另外，沙

可（Jean-Martin Charcot, 1825-1893）與賈內（Pierre Janet, 1859-1947）等法國學者也有案例報告。

在威廉‧詹姆士的發表中，有一個非常驚人的案例。一位名叫安瑟‧波恩（Ansel Bourne, 1826-1910）的牧師，有一天突然離家出走，從此音訊斷絕。原來他轉變為完全不同的人格，變成了一位名為布朗的商店老闆。在事情發生約兩個月後，他突然又從布朗變回原來的波恩，發現自己竟然在做生意，嚇了一大跳，最後又回歸原來的牧師身分。

賈內也提出了類似的案例，但他認為，像這種雙重人格的雙方記憶完全不相連的情況非常罕見（《人格的心理發展》）。在其他雙重人格的案例中，要不是有一個人格知道另一個人格的存在，就是其中的一方具有連續的記憶。賈內表示，像這樣的案例報告，收集起來應該會超過一百例。

若要說「其中一方知道另一方的存在，或是記憶具有連續性」這類情況，有兩個較為知名的案例：一個是莫爾頓‧普林斯發表的案例「波瓊小姐」[1]；另一個則是美國

---

1 譯註：波瓊小姐（Miss Beauchamp）為假名，本名是 Clara Norton Fowler。

精神科醫師西格平（Corbett H. Thigpen, 1919-1999）與克萊克利（Hervey M. Cleckley, 1903-1984）詳細記錄，並於一九五四年發表的案例「伊芙懷特與伊芙布萊克」（Eve White & Eve Black）。這兩個多重人格的案例都清楚地顯示出情結的問題。最終，兩者都在單一人物身上出現了三個以上的人格。最早出現的對立人格（相對於「波瓊」的「莎麗」，以及相對於「伊芙懷特」的「伊芙布萊克」），都是第一人格的情結人格化之後的產物，兩個案例之間呈現出明顯的相似性。

這兩個知名案例日本都曾有過報導，在此僅簡單描述概要。二十三歲的大學生波瓊，是一位謹守道德規範、具有嚴謹良心，並且篤信宗教的女性，換句話說是堪稱為「聖人」的人格。只不過她雖然是「聖人」，卻讓人感覺有些陰沉；而自稱為「莎麗」的第二人格，個性與波瓊完全相反，滑稽、開朗、像個小孩子，喜歡享樂。她和波瓊交替出現後不久，就開始過著波瓊無法想像的享樂生活。波瓊不知道莎麗的存在，在莎麗現身活動的期間，她處於完全失憶狀態；但莎麗知道波瓊，且對波瓊的古板頑固感到不屑。這位女性身上，甚至還有第三人格存在，莎麗稱她為「白癡」，是一個粗野頑固、虛榮而幼稚的人格。另外，波瓊的法語說得很好，但第三人格卻完全不會法語。

在伊芙懷特與伊芙布萊克的案例中，兩者的性格也有著強烈的對比。伊芙懷特個性

情結：內心隱形的拉扯力量　　064

樸素而謹慎，說話的聲音溫和，感覺有些陰沉；相對地，第二人格的伊芙布萊克則華麗招搖，性格粗野又開朗。伊芙懷特不知道任何伊芙布萊克的事，但伊芙布萊克則知道伊芙懷特的存在，而且對她做了各式各樣的惡作劇，和波瓊與莎麗的關係可以說一模一樣。發表這個案例的西格平與克萊克利甚至還說，莎麗就像是伊芙布萊克的雙胞胎姊妹一樣。

可以想像的是，當波瓊與伊芙懷特的自我被塑造成過於理想化的「聖人」時，最終她們的情結取得了自主性，化為第二人格而出現。

我認為，一般在日本被稱為「狐妖附身」的現象，或許就是雙重人格的一種表現。但出乎意料的是，這類現象以學術報告的形式明確記載的案例非常稀少，頂多只能見到中村敬三所報告的多重人格案例（萩野恒一《精神病理學入門》）。

此外，日本還有一個耐人尋味的雙重人格案例：大正六年（1917），由中村古峽（1881-1952）所發表的報告。不過它的敘述方式頗為戲劇化，內容又光怪陸離，讓人不禁質疑其可信度。但這篇報告發表在學會上，中村古峽本人又從事學術工作，那種對今日的我們來說過於戲劇化的敘述方式，在中村的時代或許不足為奇。此外，在經過這麼多年的臨床經驗之後，現在我覺得，就算真的發生那樣的事也一點都不奇怪。

065　第二章　另一個我

有一名中學二年級生的少年（中村古峽稱他為「山田少年」）有偷竊癖，被帶來給中村古峽治療，接受矯正。中村立刻讓他進入催眠狀態，讓他承認犯行，接著就開始施行拿手的治療法。中村讓山田少年保持在催眠的狀態中，「余即刻以常用之暗示法，利用錯覺與幻覺，讓山田鉅細靡遺地目擊不良少年的下場──也就是監獄的淒慘光景」。一開始治療乍看成功，但根據中村的描述，山田少年的母親彷彿「凝集了人類有史以來所有『父母的愚蠢』」，在溺愛與縱容的推波助瀾之下，山田少年又開始犯下同樣的罪行。

再次與山田少年會談時，中村詢問他是否將偷來的錢拿去看電影，卻發現那段時間的事少年完全不記得了。而且山田少年表示，自己原本並沒有做壞事的打算，是「我的惡心」慫恿自己去做的。於是中村再次讓山田進入催眠狀態，並且呼叫「惡心」。這一次，山田的態度突然有了劇烈的轉變，變得傲慢且口齒伶俐。「惡心」很了解山田的事，並且表示是自己慫恿山田犯罪的。惡心當然也清楚地記得看電影的事（這個案例亦然，相對於山田缺乏那一段時間的記憶，第二人格則具有連續性的記憶）。

這時候中村古峽斷然決定，請求「惡心」離開山田，卻遭到拒絕。於是中村醫師「試著以暴力的方式」趕走惡心。他敘述道：「余隨即再用前述之暗示法，於一旁之牆

壁將惡心處以磔刑[2]，讓惡心受盡凌虐。」惡心也因此認輸，承諾「離開」山田。中村醫師強勢的做法，與莫爾頓‧普林斯或西格平的治療方式相比，實在別具一格。

然而山田還是繼續偷竊，中村再次使用相同的治療方式試圖趕走惡心，但這次也一樣，在情況剛剛有所改善時，山田又再次犯下同樣的惡行。

這時候，中村古峽開始反省，自己用來趕走第二人格的手段，或許太過強制了。所以在接下來的治療中，他試著「耐心地說服」，經過苦口婆心的懇求之後，「惡心」表示如果中村能幫他找個適當的人選替代山田，那麼他離開山田也無所謂。於是中村醫師推薦自己：「就讓中村來照顧你吧！」但是「惡心」拒絕了。他們又花了很長的時間來回討價還價，最後的結論是，中村付給「惡心」一筆分手費，而他要離開山田「一百年」。

「惡心」要求三萬日圓的分手費（在大正時代，這是一筆鉅款），但是「當然，這也是利用幻覺，交給他實際上不存在的鈔票」，所以這件事並不困難，這般處理完後，中村以為總算能安心，卻沒想到又出現了第三人格「惡心的大哥」，同樣教唆山田少年

[2] 編註：磔刑（たっけい），將受刑者綁上十字架或牆上吊立起，以長槍刺殺，並將屍體曝掛三天的刑罰。

犯罪。再一輪討價還價之後的結果是，支付了比先前多出十倍的分手費，「大哥」才答應離開。離開時「惡心的大哥」留下了忠告：他們一幫人不知道有幾萬個兄弟，建議中村與他們幫主見面，拜託他命令屬下別再來糾纏山田。

於是中村立刻試著召喚幫主，這時候「山田顯然很費力地，要變換臉上的表情。最後他半張著嘴，左右嘴角用力向後拉，兩隻眼睛猛然睜大，那模樣比之前更加嚇人」。中村又花了許多時間與幫主交談，最後幫主像時代劇的演員一樣，用俠客的口吻許下承諾：他幫下的弟子，不准靠近山田身邊三町3之內。

至此，這個案例漫長的治療過程報告一段落。之所以用了這麼長的篇幅來介紹這個大正時代的案例，是因為它實在有許多引人深思的地方。

首先浮上心頭的疑問是：如此戲劇化的雙重人格，其形成的原因難道與中村古峽的治療方式無關嗎？的確，山田少年的心中原本就或多或少存在著「分裂」的傾向，但我認為，最初中村透過催眠，以粗暴的方式禁止山田少年偷竊時，讓山田少年的自我只留下善人的一面，所以遭受強迫驅逐的「惡心」便不得不發展成為第二人格。

這樣想來，就我所知，幾乎所有雙重人格的案例中，治療者都曾經嘗試過催眠。莫爾頓・普林斯是這樣，伊芙懷特的情況也是如此。她最初因為頭痛而就診，經過一段時

情結：內心隱形的拉扯力量　　068

間的治療之後，醫師就開始使用催眠術。

當治療者透過催眠，想要快速「改善」患者症狀時，等於是忽略了自然的心理發展過程，導致患者的自我變得片面化。此時治療者的作為，事實上反而助長了第二人格的養成（在這方面，現今的催眠療法已經謹慎許多，但我認為如果由外行人來執行，依然有極大的風險）。

以上的反省，對於思考下文將談到的「情結的消除」，會有很大的幫助。這一點與山田少年案例所顯示的其他問題，將在第三章詳細探討。

現代幾乎看不到雙重人格的現象了。我們之所以舉出這些例子，目的是為了放大呈現情結可怕的一面。在下一節，我們再來說明另一種與雙重人格類似，卻具有不同面向症狀的——「分身」。

3 譯註：「町」是日本古代面積單位，一町約等於現在的九千九百平方公尺。

2 分身（Doppelgänger）

分身現象與雙重人格不同。所謂分身現象，指的是一個人經驗到自己重複存在，「看到」或「感覺到」「另一個自己」。精神醫學稱這種現象為二重身、分身體驗等；因為是自己看見自己，所以又稱為自窺症或自見幻覺（autoscopy）。這種現象有各式各樣的情況：有些人的經驗，只是在短暫的時間內看到自己的模樣；有的人感覺有另一個自己，在阻礙自己思考；還有人則是感覺到，在相隔甚遠的某處有一個自己的分身完全單獨行動。案例的種類之多、差異之大，甚至讓人懷疑，將這些現象全部歸類為同一症狀是否恰當。

雙重人格的案例在現代幾乎已經看不到了；相對地，分身現象的案例今日仍存在。此外，雙重人格能夠以「情結」的概念加以說明，但分身現象中有許多情況，並非透過簡單的心理學概念就可以了解。不過，因為還是有一些分身現象與情結相關，而且這是我很感興趣的領域，所以就算可能會稍微偏離主題，還是希望能為各位介紹、說明。

首先，必須提到的是，有許多文學作品都以分身現象為主題。綜觀這些作品，粗略來說可以分成兩大類，分別是「失去分身的可怕」，以及「分身的出現、或是遇見分身

情結：內心隱形的拉扯力量　　070

的可怕」。

對分身現象懷有異常興趣的德國浪漫派小說家E・T・A・霍夫曼（E. T. A. Hoffmann, 1776-1822），寫了許多直接或間接處理分身題材的作品。其中最具代表性的兩部，《除夕夜冒險》（Die Abenteuer der Sylvester-Nacht）屬於前者，而《惡魔的靈藥》（Die Elixiere des Teufels）則屬於後者。據說前者是霍夫曼讀了沙米索（Adelbert von Chamisso, 1781-1838）的《彼得・施雷米爾的奇幻之旅》（Peter Schlemihls wundersame Geschichte）[4]深受感動而寫下的。《彼得・施雷米爾的奇幻之旅》也以生動的方式，描寫失去分身的悲哀（在這個故事裡，以主人翁的影子象徵其分身）。

《除夕夜冒險》所描述的是一個男人，被一位妖豔的女性奪走了鏡中影像的故事。鏡子裡映照不出自己模樣的現象，稱為「負自見幻覺」（autoscopie négative，為法國學者索里耶〔Paul Sollier, 1861-1933〕所命名）：莫泊桑（Guy de Maupassant, 1850-1893）的《奧爾拉》（Le Horla）也繼承了這個主題。讀者們或許還可以將霍夫曼的作

---

[4] 編註：台灣譯本《彼得・施雷米爾的奇幻之旅：出賣影子的男人（十九世紀古典德文直譯版）》，由曾鏡穎翻譯，畢方文化出版，二〇二四年。

第二章　另一個我　071

品視為「幻想故事」，在閱讀的時候比較安心，但這個主題到了莫泊桑的手上，則被描繪得栩栩如生，更具有現實感。

《惡魔的靈藥》表現出見到另一個自己時的驚嚇與恐懼。同樣描寫這個題材的，還有愛倫坡（Edgar Allan Poe, 1809-1849）的《威廉·威爾森》（*William Wilson*），以及杜斯妥也夫斯基（Fyodor Dostoevsky, 1821-1881）的《雙重人格》（*The Double*）。《雙重人格》的日文版譯者也表示，其實這本書的標題應該譯為《分身》比較貼切，其書中所描寫的，並非我們在上一節所介紹的雙重人格的現象。此外，王爾德（Oscar Wilde, 1854-1900）的《格雷的畫像》（*The Picture of Dorian Gray*），以及安徒生的童話《影子》，則敘述主人翁與其分身各自的經驗極度乖離，終於導致毀滅性的結局。

在安徒生的童話中，描寫一位埋首於枯燥學術的學者，獨自走進了對面的房子裡，那裡住著一位美麗的女性。此後影子開始平步青雲，將能礙事的學者監禁起來。許多人認為安徒生是一位為了孩子們而寫作、風格清新的童話作家，對他們來說，這個故事的結局必定會帶來些許驚嚇。故事的最後，影子與公主的婚禮上響起了禮炮，兩人接受萬民的祝福，但是「這些喧囂的歡騰，學者一絲也聽不

情結：內心隱形的拉扯力量　　072

到。因為，他已經被奪走了性命」。

有許多著名的藝術家，寫下了他們親自經歷（而非虛構作品）的分身經驗。歌德在他的自傳《詩與真實》(Dichtung und Wahrheit) 中所描述的經驗十分有名。當歌德與戀人芙莉德麗珂傷心別離後，他「不是用肉眼，而是用靈魂的眼睛」，看到自己身穿混紡著金絲線的灰色外套，騎著馬從道路的那一端迎面而來。此外，據說鄧南遮 (Gabriele d'Annunzio, 1863-1938)、繆塞 (Alfred de Musset, 1810-1857)，以及雪萊 (Percy Bysshe Shelley, 1792-1822) 都曾經有過自見幻覺的經驗。還有，研究畫家孟克 (Edvard Munch, 1863-1944) 病史的宮本忠雄先生表示，孟克有一個幻想的分身。孟克本人將這個虛構的人物命名為亞伯特・寇爾曼 (Albert Colman)，並且畫了許多幅寇爾曼的肖像畫（宮本忠雄〈論孟克的《吶喊》〉）。孟克長期對抗自己的精神疾病，深受分身經驗所苦。他畫了許多自畫像的這件事，或許正反映出他試圖確認自己形象的努力。

前述的霍夫曼也經歷過分身的體驗。霍夫曼身兼音樂家、法官、作家等多重身分，也創作了許多畫作——他的生活本身就像是一種分身的體驗。據說他曾經隨筆在某處寫下了這樣幾句話：「遭受死亡預感襲擊，看到了自己的分身（Doppelgänger）」（吉田

在日本,芥川龍之介(1892-1927)寫下了以分身為主題的短篇小說〈兩封信〉。他曾經在某次的座談會上,被問及是否有過分身的經驗。芥川答道:「有的。一次在帝國劇場,一次在銀座。」有人繼續問他,那會不會是錯覺。芥川回答:「如果是這樣的話,事情就容易解決了。但其中發生的一些事,或是看錯人了,實在很難如此斷言。」

(岩井寬《芥川龍之介》)

以衝擊性的自殺震驚全日本的三島由紀夫(1925-1970),對於羅夏克墨漬測驗第三張圖片的反應是:「看起來是兩個分身,隔著中間的蝴蝶,左右對決、對峙。」羅夏克墨漬測驗專家片口安史先生,曾經在「作家的診斷」計畫中為許多作家做過這樣的測驗,三島的測驗也是其中之一。絕大部分人看到第三張圖片的反應,都覺得像是「兩個人」,回答「分身」的非常稀少。我認為,這反映出三島對這個現象懷有相當濃厚的興趣。

(岩井寬《芥川龍之介》)

不論是芥川或三島,都同時受到東方與西方文明的滋養,並且強烈地感受到兩方的衝突,其程度是同時代大部分的日本人無法比擬的。兩人都對分身現象深感興趣,而且都以自殺結束自己的一生,這一事實本身非常引人深思。就像霍夫曼的隨筆所顯示,分

身的體驗似乎總是纏繞著死亡的陰影。關於這件事，之後也許還有機會深入探討吧！

我們談了許多文藝作品，沒有留什麼篇幅給實際的案例。這種案例記錄雖然不多，不過現代仍然存在。它不但可見於正常人身上，精神官能症、思覺失調症、癲癇等疾病的患者也會發生，因此我們無法光靠分身的現象，就對疾病做出診斷。

就像本節一開始所提到的，雖然同樣被稱為分身現象，但短暫看見自己模樣的「自見幻覺」、確信還有另一個自己正趴在自己背上的「感覺」，或是覺得自己的分身在遠處獨自行動的經驗等等，這些現象各自的心理機制都有相當大的差異。當然，精神病理學為這些現象做了分類，對這類知識有興趣的讀者們，還請自行參閱專業書籍。在這裡，讓我們專注在這些現象的心理層面。

舉例來說，讓我們來看看京都大學的藤繩昭助理教授在最近發表的案例（藤繩昭〈關於某件分身體驗〉）。作者藤繩先生所報告的是兩個思覺失調症的案例，並且將它們的症狀命名為「分身游離經驗」。第一個案例是一位男性，他原本是一位表現非常優秀的學生，從中學二年級開始經常發呆，要不就是陷入沉思，成績也開始下滑。他告訴

治療者「自己身體內的某些東西，隨著小便流出去了」。

這位患者住院接受治療，但是情況並沒有改善。他認為自己做了壞事（手淫），所以讓重要的東西從自己體內溜走，他也覺得自己對別人造成困擾，最後甚至說甘迺迪遭到暗殺也是自己的錯。後來他的罪惡妄想越來越嚴重，甚至試圖自殺。發病五年後，他說了關於自己「分身」的事：有一次，他未經許可外出，被主治醫師帶回醫院之後，他說自己是去「尋找自己的分身。不論是要唸書或工作，分身如果不回來，什麼也做不成」。

根據他的說法，分身是他七年前手淫時，隨著射出來的精液跑掉的，目前逗留在大阪一帶。有時候分身會回到他面前，但只要他一伸手，就會跑得遠遠的。他也曾經說過「自己和分身都在殺人」。又經過一年，他開始說自己「與分身切斷聯繫了」、「分身已經死了」等等。二十一歲的時候，他經歷到「完全無法知道分身在哪裡」、「與分身徹底分離」的絕望感，下定決心自殺了。

遇到這樣的案例時，我們會深切地感受到：有些事情，僅僅依靠情結的概念是遠遠無法解釋的。他的分身對他來說非常重要，一旦失去就會讓他感到「空虛」──分身在他心中的份量實在太過龐大，已經無法單單用「情結」來稱呼。雖然在他的分身的屬性

情結：內心隱形的拉扯力量　　076

當中，當然也包含了一些可以透過情結概念來了解的部分。如果我們刻意使用「情結」這個詞語，或許可以說他的苦惱是失去情結的痛苦，以及因為失去分身的可怕與悲哀。認真思考上述的內容後，不禁讓人覺得「沒有情結比較好」的想法或許太過膚淺了。關於這個問題，我們之後也必須繼續思考。

分身的現象並不像雙重人格那樣，可以單純地用情結的概念說明。不過，以杜斯妥也夫斯基的小說《雙重人格》為例，書中描述的現象在相當程度上依然算容易理解。

主人翁戈利亞德金（Yakov Petrovich Golyadkin）是一個九等文官，個性膽怯、退縮、笨拙，而且非常自卑。有一天，突然發生了一件可能得以滿足其優越感的事情——某位高官邀請他到家裡作客——但他終究是搞砸了。當他意氣消沉到谷底時，遇見了「另一個」戈利亞德金。這位第二個戈利亞德金和主人翁完全相反，不但頭腦靈活、性格大膽，而且該低頭時就低頭，該擺架子時也不含糊。他無視於主人翁的苦苦抗拒，輕輕鬆鬆地任意行動，最後將主人翁戈利亞德金逼入瘋狂的狀態。對於這個過程，作者的描寫充滿現實感與衝擊力。杜斯妥也夫斯基了不起之處在於，不論是第一人格或第二人格都沒有簡化為刻板的角色，在他的描寫下，雙方都像是活生生的、真實的人，而且兩

者也確實展現出彼此對立的特質。雖然故事的主題是自卑感與優越感的衝突矛盾，但作者並沒有輕易地斷言，哪一種人格比較低劣。正因為如此，即使這部小說以分身為主題，卻充滿了栩栩如生的現實感，不會讓人覺得只是虛構幻想。

在雙重人格的現象中，兩個人格之間的對比通常會更類型化；在分身現象的情況中，則不那麼截然分明。但無論如何，在兩者的對比中，往往會牽涉到卑下的人格、或是低等的事物5的問題。這一點也很容易理解，不論對誰來說，所謂的自卑情結都是一個很重要的課題。因此在下一節中，我們將簡單說明所謂的自卑情結。

3 自卑情結

心理學家阿爾弗雷德・阿德勒（Alfred Adler, 1870-1937）強調自卑情結的重要性。最初他與佛洛伊德合作，專注於精神分析的研究，但不久之後就開始批判佛洛伊德，並建立自己的理論。相較於佛洛伊德的性慾說，阿德勒主張人類最根本的欲望是「對權力的欲求」。

阿德勒認為只要是人，不論是誰都有自卑感。一開始他試圖從身體方面的原因來

說明自卑感。阿德勒發現，在同一家族中，成員經常同時有某些特定器官的缺陷；他也注意到，有些人似乎會認為自己某些特定器官的功能較差，如呼吸器官、消化器官等。當一個人具有某個功能不佳的器官時，身體會產生補償作用，這個現象引起阿德勒很大的興趣。舉例來說，當一邊的腎臟有缺陷時，另一邊的腎臟就會變得比普通的腎臟更強而有力，以補償其不足；有時候則是其他的器官變得功能更強，以別種方式來補償腎臟的缺陷所帶來的弱點。甚至還會發生一種情形：功能較差的器官本身經過不斷的鍛鍊，反而變得強壯有力。阿德勒認為，就算一個人本身無法意識到，但是透過「補償某種器官的缺陷，試圖變得強壯」的過程，人們才漸漸形塑出他的「生存方式」（Lebensstil）6。

5 譯註：翻譯為「卑下的」、「低等的」等等詞彙，日文原文則是「劣等な」；而翻譯為「自卑感」、「自卑情結」的日文原文則是「劣等感コンプレクス」。這兩種情況的日文漢字雖然都寫為「劣等」，但實際上有兩種很不同的意義──一個是相較客觀的判斷，另一個則是當事人主觀的感受。雖然以中文文意來看，「卑下的」與「自卑」是相當不同的詞彙，但我想讀者們應該可以理解，這兩者之間存在著某種關聯性。

6 譯註：「Lebensstil」在台灣常見的翻譯是「生活風格」，如果直譯的話，確實如此。但是「生活風格」這個詞彙令人聯想到的是「隨性」、「追求自然」、「一板一眼」等等，與「品味」相關的事物；而阿德勒在此處提到的器官的補償作用，則牽關一個生物能不能存活的問題，顯然嚴重許多。因此譯者將它翻譯為「生存方式」。

第二章 另一個我　079

後來，阿德勒把這種身體因素所造成的現象擴大到心理層面，並主張所有的人都具有某種自卑感，而為了補償，「權力意志」[7]就會開始發揮作用。補償成功的話，就能像古希臘的迪摩西尼（Demosthenes, 384-322 BC），克服口吃而成為辯論家；不成功的話，就變成裝腔作勢、在口頭上逞強的人，或是因為太過害怕失敗而一事無成，甚至透過罹患精神官能症來逃避問題。

許多人不贊同佛洛伊德的性慾論。對這些人而言，阿德勒的想法比較容易接受，也更容易理解。此外，阿德勒重視人所擁有的「社會情感」，鼓吹「人必須被教育成社會性的存在」，因此他的理論廣受宗教家與教育家歡迎。正因為這樣，日本的教育界也經常使用「自卑感」這個詞，但誤解這個概念，或是對此概念理解得過於淺薄的情況依然不在少數。所以，我希望用一點篇幅來探討「自卑感」。

首先要先分辨，在某件事情上能力較差，或是認識到自己「不如人」，與自卑情結並不相同。舉例來說，一群朋友聚集起來打壘球，有的人表示：「壘球我不行啦！」因此在場邊當啦啦隊，或是負責撿球，總之他們在打壘球這件事上找到不一樣的角色，與大家一起度過愉快的時光。這種時候，這些人在打壘球這件事上是「不如人」的，他們自己也認識到這個事實，卻沒有自卑情結；相反地，如果明明球技很差卻堅持要當投手，失

情結：內心隱形的拉扯力量　　080

敗了就絮絮叨叨地抱怨個不停，這種情況就可以說他懷有情結。也就是說，這樣的人不願意承認自己不如人。

我們所說的「情結」，必定具有情感的色彩。內心沒有情感的糾結，率直地認識到自己不如人之處，這反而是已經克服了情結的人才有的態度。至少有兩種方式，可以克服上述疙瘩的情結——透過實際的練習讓自己的技術進步，或是爽快地承認自己不會打球。

實際上能力可及的事，卻一心以為自己做不到；因為認為自己做不到而一再拖延、導致失敗，就更覺得自己不行——阿德勒稱這為「自卑感的惡性循環」。想要幫助落入這種惡性循環的人，我們必須為他們製造「站起來」的契機。不過落入這種情況的人，其實原本就具有能力，因此要幫助他們也比較容易。

那麼，對於原本就沒有能力的人，我們能怎麼幫助他們呢？舉例來說，假設有一個不會算數的小孩，不管我們為他製造多少學習的機會或契機，他還是沒有算數的能力，

7 編註：權力意志（德文：Wille zur Macht），原為尼采提出的哲學概念，指生命本能中最根本的推動力。阿德勒則受到啟發，將其重新詮釋為「個體為克服自卑感、追求優越與完整所展現的內在驅力」。

那該怎麼辦？這是個很嚴重的問題。相信「人只要努力，什麼事都做得到」的人是很幸福的。以幫助他人為工作的心理治療師，每天都被迫認清這樣的事實——人的能力是有極限的，有一種我們難以抗拒、無法理解的力量，影響著每一個人。有一些孩子，不論怎麼努力也無法提高智能；因為交通事故失去雙腳的人，不管做什麼也拿不回自己的腳。有時候，我們會被難以言喻的絕望感襲擊，只有那些從來不需要費盡全身力氣就能面對這些問題的人，才有辦法秉持那種廉價的樂觀主義吧！

關於這個問題，讓我們借用前述壘球的例子來思考看看。同樣面對「不會打壘球」這件事，為什麼有的人懷有情結，有的人卻沒有？那是因為，能平心靜氣地承認自己不會打壘球的人，覺得「承認不會打球」並不會損壞自己人格的尊嚴。也就是說，對於「打壘球不如人」這件事的認知，已經整合到他的自我之中，自我的安定不會受到動搖。這件事給我們很大的啟示。

但是，承認自己貧窮、社會地位低下、智能不如人，或是身體殘障，同時還要保持人格的尊嚴，是一件很困難的事。而且，當某個人試著認知自己在某方面「不如人」的時候，負責幫助他的教師或是治療師，也必須真心相信人類存在的尊嚴，與金錢、地位、名譽都無關。

情結：內心隱形的拉扯力量　082

情結是透過自我未曾經驗過的情感所形成的。就這一點來說，上述的這種情結，無法簡單地將它命名為「自卑感」。如前所述，一個人清楚地認識到自己在某方面不如人，並不會構成問題，也不會形成情結。在前述意義下我們可以說，所謂的「自卑情結」之中，必定參雜著優越感。比方，當一個人發現自己不會打壘球時，心裡應該會嗜到各種無法化為言語的心情──「不可能！這我一定沒問題」、「這種無聊的東西，只有笨蛋才會玩得那麼高興」、「如果我也能一棒打得遠遠的，該有多好」……因為這種心情太過複雜而無法理解，所以我們會焦躁不安，做出一些多餘的事。自我某種程度意識到的是自卑感的那一面；但是情結之所以成為情結，正是因為優越感微妙地混在其中。

有時候因為覺得自己沒有任何價值而想要自殺的人，一旦心情稍微恢復，就會開始想要拯救世界上那些和自己有同樣煩惱的人。「除了一死別無他法」的強烈自卑感，與「向他人顯示自己能拯救全世界受苦者」的優越感並存，這是自卑情結[8]的特徵。在這

---

[8] 編註：此處日文原文為「劣等感」，對應翻譯為「自卑感」。但根據前後文義判斷應為誤植，故將此處改為「自卑情結」，特註之。

兩極之間的強烈擺盪，使這個人失去判斷力，將他逼入自殺的絕境。

從這自卑感與優越感的複雜交錯之中——有時候我忍不住想，稱它為「自卑情結」是對的嗎？——又衍生出另一種奇妙的情結。就像上述自殺未遂的案例，這種人懷抱強烈的「拯救他人」的傾向。他們是「雞婆」專家，看到你有什麼小小的不便，就立刻跑過來提供不必要的幫助，或是給予同情的眼光。如果看起來沒有任何事在困擾你，他們就會用力窺探、挖掘，想要找出你的煩惱，有時候甚至替你製造煩惱，他們就是這麼「親切」。這樣的情結，我們稱之為「彌賽亞情結」（又稱「救世主情結」）。的確，幫助他人是好事，所以這種行為很少受到譴責，正因為如此，這種情結是很難克服的。

要認識到自己為他人盡心盡力的善行背後，存在著逆轉過來的自卑情結，是一件很痛苦的事。想要成為心理諮商師，為那些有煩惱的人服務的人，首先必須問自己一個問題：「需要先被拯救的，是別人還是自己？」

自卑情結是很重要，而且容易理解的概念，因此我們在這裡花了篇幅簡單地說明。同時，相信通過以上的文字，讀者們對於情結的處理方式也有了初步的理解。關於這一點，我們將在第三章與第四章詳細論述。在那之前，為了理解情結，我想先為讀者們說明一個必要的概念：「心的互補性」。

4 心的互補性

在無意識內部形成的心理內容，具有補足當事人片面自我的傾向，這一點在前述雙重人格的案例中，表現得非常明顯。相對於宛如「聖人」的波瓊小姐，第二人格的莎麗則個性調皮而喜歡惡作劇，顯然是彌補波瓊單一、片面的性格。

在第一章的開頭，我們稍微提到了對人恐懼症，現在就讓我們來看看一位罹患對人恐懼症的女學生案例。這位學生因為對人恐懼症而前來接受諮商。在聽了她的敘述之後，我明白了幾件事：她由良好的雙親扶養長大，成長過程中並沒有什麼特別的煩惱，一直以唸書為生活重心。她告訴我，女同學們隨著年紀開始聊服裝、男性的話題時，自己還是對那些事情毫無興趣。最近卻開始對心目中理想的大學後，原本因為今後可以專心學習自己喜愛的科目而高興，順利考上自己心目中理想的大學後，原本因為今後可以專心學習自己喜愛的科目而高興，但以治療為目的、持續與我會談一段時間後，她發現自己並不是害怕所有的人，只是覺得男性很可怕。過去只要是同學，不論是男生女生，她都可以心平氣和地與他們互動，但現在就算是同學，一想到對方是異性，心裡就不由得浮現奇怪的感覺。那是恐懼？還是厭惡？她自己也說不上來。

「還有，同班的女生A喜歡化濃妝，讓我覺得很討厭。」她憤慨地說，「A進大學應該不是為了做學問，而是來找男人的吧？有夠三八。」持續說了許多類似的話之後，她「不知道為什麼」開始想去學校了，不久之後還交了一位男朋友。後來她覺得自己已經有所改善，想要停止治療，所以前來告知諮商師她的決定。看到她的樣子，我嚇了一跳——她開始化妝了。

這種時候我們不得不感嘆，人心的發展，真的是很了不起的一件事。喜歡唸書、對異性沒有興趣的這位女學生，她的自我應該原本具有獨自的整合性，正因為如此，她才能專注於學業，成為老師與同學們公認的優秀學生。她的自我就算一直保持這樣的性質，其實也不會造成什麼問題。但是，「對異性感到興趣」的傾向逐漸在她的無意識中湧出，而那是她的自我所沒有的性質。當她的自我往單一面向持續成長的時候，「異性」在她的無意識中形成，並且開始威脅自我。這位學生的對人恐懼症，可以說是不願失去安定的自我，以及對自我施加壓力的情結，兩者妥協之後的產物。

但是，在與諮商師談話之後，自我逐漸認知到情結的存在，也認知到自己「對異性沒有興趣」的片面性。自我對情結的排斥，表現為她對同學A的譴責；但是在情感釋放出來之後，她成功地將情結納入自我之中。

透過這個案例，我希望讀者們注意，在彌補自我的片面性與不足上，情結扮演著很重要的角色。也就是說，榮格很早就注意到人心的這種互補性，並且認為人的心應該作為一個整體來看待。也就是說，一個完整的心，應該同時包含了意識與無意識。

在榮格一九〇二年發表的博士論文〈所謂神祕現象的心理學〉，已經可以看到這種想法的萌芽。他在其中探討雙重人格與夢遊等現象，並指出：這些症狀可以視為「當新的人格發展的可能性，受到某些特殊困難阻礙時」所產生的現象。在過去，這些現象單純只被視為一種病態，但榮格認為它們具有其目的與意義，也就是彌補意識片面性的可能性。在這樣的論點下榮格指出，發生在青春期的夢遊症案例特別多，青春期又是人格快速、劇烈發展的時期，這兩者的關聯非常引人深思。先前提到的對人恐懼症的案例也是在十二至十三歲左右的年齡發病。藤繩先生也十分重視這一點。

順帶一提，前述「心的互補性」這個想法，非常具有榮格的特徵。對佛洛伊德來說，情結是不被自我接受、受到自我壓抑的東西，因此傾向於將情結視為病態；相對地，榮格雖然不同意情結的顯露有其負面的一面，但是也看到情結所帶來的人格發展的可能性，並且引進了目的論的觀點。讓我們直接引用他在《尋求靈魂的現代人》中的

087　第二章　另一個我

「廣義來說，情結表示某種不如人的性質——對於這個說法，我認為必須清楚地加上條件限制：一個人懷有情結，不必然代表他有什麼不如人之處。懷有情結，只是表示一個人心裡存在著某些難以並存、尚未同化，並且引起矛盾衝突的東西，如此而已。——那或許是一種障礙吧！但與此同時，它也是一種刺激我們付出巨大努力的要素，通常也是引領我們成就新事業、開創新可能性的入口。」

在這裡，我想要沿著榮格的思考邏輯，談論一個比情結更進一步的概念，那就是榮格理論的中心概念——「自性」（德文：Selbst，英文：self）。本書探討的主題是「情結」，「自性」的確超脫了本書的範圍，但是對於接下來的論述來說，它是一個必要的概念，所以在這裡約略介紹。

榮格特別注重心的互補性。且因為彌補意識片面性的傾向來自無意識，使得榮格開始有了以下的想法——自我終究只是整合意識的中心，無法成為「心的整體」（同時包含意識與無意識）的中心。而且他在接觸了東方的思想，特別是中國「道」的概念（包

一段文字：

含陰與陽的對立與互動）之後，得到很大的啟發，開始發展「自性」的觀念。如果自我只是意識的中心，那麼我們就不得不思考：「心的整體」的中心是什麼？榮格將它命名為「自性」。讓我們做個比喻：如果人的心是一顆球，那麼意識只是存在於這顆球表面的一個圓圈；這整顆球的中心是自性，而表面那個圓圈的中心則是自我（請參照圖2）。我們可以說，所謂情結，就是與意識這個圓圈緊緊相鄰的其他許多圓圈。而且不論是自我或情結，都以更大的整合性為基礎，只有當我們想像另外有一個超越伊芙懷特自我的、心的中心存在，才能夠理解伊芙布萊克（為了補償伊芙懷特的片面性）的出現。當然，根如果說伊芙懷特的自我威脅到她自身存在的伊芙布萊克，就不可能從她心中產生。也就是說，那麼威脅到她自身存在的伊芙布萊克，就不可能從她心中產生。也就是說，

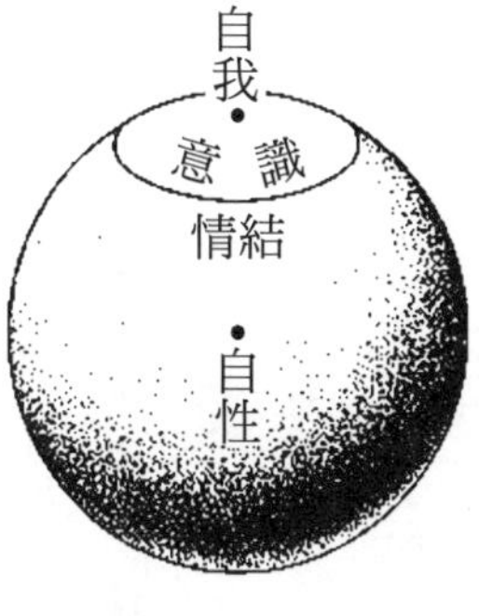

據定義，我們不可能認識「自性」本身，但是我們可以意識到自性的「作用」，並且經由它的作用，反過來假定自性的存在。

榮格說，情結也能成為我們成就新事業的入口。面對「情結」這個新發展的起點（同時也是一種苦難），讓固守狹小格局的自我，走向更高層次

圖 2　自我與自性

第二章　另一個我

的整合性──發起並推動這個工作的，就是「自性」。

我們一開始所介紹的雙重人格與分身案例中的「另一個我」，總是帶著黯淡的色彩，但是如果我們把「另一個我」視為補足自我片面性的東西，就無法武斷地說它全然黑暗。即使是伊芙布萊克，最後也與伊芙懷特整合成為一個基礎，讓當事人得以發展出更成熟的第三、第四人格。真要說的話，所有的情結都有可能成為「另一個我」；而在這所有「另一個我」的後方深處，存在著他們全體的整合者，那就是自性。我們也可以說，自性是所有「另一個我」中位階最高的，是超越「我」的真正的「我」。

在探求「另一個我」的問題時，儘管無法明確掌握，我們仍然能感覺到內心深處存在著高層次的「我」，也就是自性。自性是同時包含了光明與黑暗的存在。

心的互補性，不只會發生在單一個人的心的內部，有時也會發生在兩人（甚至多個人）之間。舉例來說，外向的人懷有內向情結，而內向的人懷有外向情結；我們經常看到這樣的兩人結合成為情侶或夫妻。因為比起人人各自去開發自己內心的情結，和與自己具有互補性的人結合，可以更快地彌補自己的片面性。

最近有許多四十歲左右、性格互補的夫婦，因為離婚的問題來尋求諮商協助。那是因為當他們合力對抗外敵的時候，彼此互補的性格讓他們能充分發揮力量，成功地對內

情結：內心隱形的拉扯力量　090

建立家庭、對外取得一定的社會地位；但是當他們完成某種程度的階段性任務，想要鬆一口氣、兩人好好講講話的時候，卻會驚訝地發現自己完全無法了解對方，因而對這段關係感到悲觀。換句話說，背靠著背與外敵作戰時，他們是最理想的夫婦；但是當他們試圖面對面交談時，情況就完全相反了。

不可思議的是，這種時候在他們的身邊經常會出現談得來的異性，然後夫妻其中一方出軌，便造成了離婚的問題。發生這種事的時候，世人多半會譴責出軌的那一方，但是以心理學家的立場來說，我覺得這種事雙方都有責任。將近二十年的婚姻生活，不能只有背靠背的合作，還應該試著彼此對話──夫婦的對話，其實就是與自己的情結對決。就算是到了四十歲才發現這個問題，也應該試著為彼此找到新的相處方式、建立新的關係，一起向著人生後半的路程前進。

情結的問題，也會巧妙地滲入人際關係之中。關於情結所引起的現象，我們將在下一章進一步詳細探討。

第三章　情結的現象

在上一章描述情結的現象時，舉出的例子都比較戲劇化，彷彿是透過放大鏡來檢視情結的威脅。但是在這一章，我想要以系統化的方式，探討日常生活層次中的情結現象。

情結的活動，能影響到我們意想不到的層面。首先，讓我們來理解自我與情結的關係。接著，我們將探討精神官能症（neurosis）這種異常的情況。然後再進一步說明，情結是如何滲入人際關係的問題之中。

1 自我與情結的關係

先前，我們在說明情結的時候，提到了該隱情結、彌賽亞情結等等。看到這些說明，有些人會立刻反省自己，並了解到原來自己懷著很強的該隱情結，或是發現自己的行為其實是自卑情結的反面表現（譯案：即彌賽亞情結）；另一方面，也有些人不會聯想到自己身上，反倒因為看到這種現象出現在別人身上而沾沾自喜。不論哪種反應，都是對心理學的解釋感到興趣、受到觸動。但是，也許有人會更進一步思考，而產生以下的疑問。

情結：內心隱形的拉扯力量　　094

舉例來說，當我們看到某個人熱衷於慈善事業時，要如何判斷他的行為是「真心」的，還是彌賽亞情結作祟？而且，假設他的善行真的來自彌賽亞情結，那又有什麼錯呢？不論動機是什麼，慈善就是慈善，不是嗎？這些疑問真誠而觸及本質，必須慎重思考。

先讓我們來想想看後者：慈善的行為就是慈善，不論出自什麼樣的情結，都與善行本身的價值無關，我覺得這一點非常重要。就算我們知道某個行為來自什麼樣的情結，也與該行為的善惡或價值毫無關係。那些不懂得這一點，自以為了解精神分析、其實是半桶水的人，只是想透過貶低他人行為的價值，來滿足自己而已。從達文西的畫作讀取他的伊底帕斯情結（佛洛伊德《達文西的一則回憶》）是一件有趣且有意義的事，但是那和他畫作的藝術價值一點關係都沒有。讀了佛洛伊德的論文就斷言達文西的畫「不過就是伊底帕斯情結的表現而已」，這種自以為是的想法非常愚蠢；另一方面，那些認為這樣的分析是對藝術的冒瀆而憤憤不平的人，其實也對藝術的價值缺乏堅定的信心——他們的聲援，只會對藝術造成傷害。

在這種意義下，慈善就是慈善，不容他人說三道四。然而，慈善的做法也很重要。如果忙著幫助他人卻不照顧自己的家庭，或是強迫他人接受不必要的熱心，便會有人因

第三章　情結的現象

此受到傷害。這種時候，就算我們不對彌賽亞情結的存在本身加以價值判斷，也必須正視太過受到彌賽亞情結驅動的自我的問題。當自我完全屈服於情結的支配，其行動將無視於現實，也就不得不受到較低的評價。

歸納以上的論述，我們可以這麼說：情結是否存在、行為是否出於「真心」，並不是問題；真正的問題，在於自我與情結的關係。因此，接下來我們就一起來探討這兩者的關係。

粗略來說，自我與某個情結的關係，可分為以下四種：

① 自我幾乎完全沒有意識到情結的存在，也沒有受到它的影響。
② 自我在某種意義下受到情結的影響（又可分為「有意識」與「無意識」兩種情況）。
③ 自我與情結完全分離，以交替的方式輪流取得主體性（雙重人格）。
④ 自我與情結之間，建立了理想的關係。

以下就讓我們依序探討：

情結：內心隱形的拉扯力量　096

① 自我沒有意識到情結的存在，也沒有受到它的影響。這種情況不會有任何問題。舉例來說，獨生子在幼兒時期幾乎不會受到該隱情結的影響吧！話雖如此，這並不表示這個人一生都不會因為該隱情結而困擾。搞不好後來有弟弟或妹妹出生；長大後，在與同學或同事的關係中也可能有該隱情結的存在。

有一件事我們必須先放在心上：對一個人來說，某種特定的情結在某些時期並不會造成任何問題；但是在其他的時期，卻會變成他非面對不可的問題。

如果有一個人，他沒有意識到任何情結（而不只是特定的情結）的存在，也沒有受到任何影響，那會是什麼樣的狀態？在那種狀態下，所有的情結都將消失不見。關於這一點，榮格說了很有趣的一段話：「情結是心的生命的焦點，也是節點，絕對不能消失不見。因為一旦情結消失，心將停止活動。」（《尋求靈魂的現代人》）讓情結全部消失，不是人類做得到的事，一旦消除所有情結，人就成佛了吧！

有時候，情結會在自我完全沒有意識到它存在的期間，在無意識中逐漸變得強大有力。一旦它取得優勢，將會發生很可怕的事。最戲劇化的情況，就是③的雙重人格現象，關於這一點我們已在前一章詳細描述。或者有時候，它也會顯現為讓人意想不到的犯罪行為，我們都曾透過媒體，在某些突然發生且毫無理由的殺人事件中，聽到犯人周

097　第三章　情結的現象

遭的人表示「犯人一向溫和有禮，實在無法想像他會做這種事」。不過即使是這種狀況，觀察力敏銳的人或許能感覺到，在犯人平靜的外表下，情結正在陰暗處不斷強化。我們總是可以透過某些形式察覺到情結的影響，也就是說，從①的狀態過渡到②的狀態，其間的轉變是有跡可循的。

②自我受到情結影響的情況，其中的狀態各式各樣。自我對於受到影響的情況的自覺程度、情結相對於自我的強度、自我的處理方式等，都會帶來不一樣的狀態。

首先是「自我沒有意識到情結的存在，卻受到它影響」。這種時候，當事人會經驗到情感的波動，身邊的人從外部也可以觀察得到。當事人不知道為什麼就是焦躁不安，或是沮喪消沉得無法自拔。這種情緒上的不安，當事人自己感覺得到，身邊的人也看得出來。

也可能是「當事人在理智上知道原因，但情結的力量並沒有因此減弱」的情況。舉例來說，有一個人雖然嘴上已經可以說出「我對運動懷有很強烈的自卑感」，但實際上真的要和大家一起運動時，還是會產生情感上的排斥，或是心情變得很糟。我認為用知性的態度理解情結，有兩種可能的面向：一種是在知性上「知道了」，至少可以稍微減弱情結的力量，或是限制它的活動；另外一種則是透過將問題知性化，逃避與情結的本

質對決。

隨著情結的力量逐漸增強，自我會採取各種手段來維持自身的安定，這就是所謂的自我防衛機制。首先自我可以採取完全壓制，也就是壓抑的方法。如果這個方法成功，就會變成①的狀態；但如果無法完全壓制，接下來就會嘗試運用別的機制。

「投射」是一種經常被使用的機制：自我將難以接受的心理內容，轉嫁到他人身上。比方上一章最後所提到的，那一位罹患對人恐懼症的女性譴責她的同學A，就是這樣的例子。也就是說，她心中覺得自己身為女性，已經不能不開始打扮了，但是她的自我還無法接受這樣的想法，於是她把這件事投射到A身上而譴責A。她的自我試圖透過這樣的做法，來維持本身的安定。

就算我們說是投射，但現實中A的確經常化濃妝，不是嗎？──在這裡很重要的一點是：雖然A化濃妝是事實，但當事人所指責的「比起學業，A更重視化妝、A上大學的目的只是為了獲得男性」等等，卻很難說是真的。也就是說，她從一件事實出發，之後自己添加的部分，是她將情結擴大投射的結果。這種時候，情結帶來的壓力越大，投射就越無視於現實，但是很多時候，遭到投射的那一方在某種意義下，也的確握有引誘人投射的「關鍵」。人際關係中的這種投射機制，型態極度複雜。隨後在本章的第三節

099　第三章　情結的現象

中，我們將再一次探討這件事。

「反向作用」（reaction formation）也是一種常用的方式：當心中的欲求難以被自我接受時，有些人會表現出與該欲求完全相反的言行，以試圖保持自我的安定。有一位女學生經常被班上的男同學B君惹怒。B是位優秀的學生，但這位女學生覺得他有「男尊女卑的想法」，不論他說什麼，聽起來好像都是在說「女人就該收斂一點」。開會決定班級事務的時候，兩人的意見經常對立，還曾經在眾人面前公開爭吵。終於有一天，為了徹底批判B的態度，她約B到一家咖啡廳進行一對一的討論。B接受了她的挑戰，兩個人花了很長的時間爭辯──不，與其說是爭辯，更像是深入交談。B接受了她的挑戰，兩個人都沒有預料到的方向。那天晚上回到宿舍，這位女生突然明白，原來自己愛上了B君。那時候她「就好像四周圍繞的牆逐漸坍塌一樣，心中湧出一股難以言喻的情感，又像是害怕，又像是高興」。她的眼淚不停地流下來，止也止不住。

我們經常看到這樣的例子。這時候，這位女孩是對什麼事情產生了反向作用呢？認真愛上一個人，是一件可怕的事。有許多人在意識到自己對某個人的愛情之前，就先產生了反向作用。以上述的例子來說，我們可以這樣思考──這位女孩所抗拒的，不只是「愛上他人」這件事。可以想像的是，對她來說，B這個人代表了男性的生活方式，而

情結：內心隱形的拉扯力量　　100

她對這種生活方式，同時具有如兩極一般完全相反的情感——「想嘗試B那樣的生活方式」和「不可以像B一樣」，這兩種心情互相衝突，從中形成了反向作用。在這樣的狀態中，透過讓B成為自己的配偶，便是某種程度地接受並認同B的生活方式，而她自己的人格也會做出相應的改變。但是從這個角度來看，結婚就不是終點，而是兩個人實現自性的起點。

「代償」也是一種常用的自我防衛方式：當來自情結的欲求無法為自我所接受時，選擇本來對象之外的事物作為代償。有一位三十歲的女性，因為陷入嚴重的憂鬱狀態，來尋求諮商。經過談話之後我了解到，這位女性曾經與多位男性交往，但不論和誰都無法走到結婚那一步，而且每一次都是以不堪的方式分手，幾乎像是故意踐踏那一段關係一樣。我指出，她似乎對男性普遍懷有憎恨，而處理這些關係的方式，就像是在復仇。

隨著分析的進行我逐漸明白，這位女性對父親懷有非常強烈的依戀，但同時由於父母在她很小的時候就離婚，她對於父親「遺棄」了她與母親這件事，抱持著激烈的憤怒。一開始她本人並沒有意識到這件事，但是在分析的過程中，她也逐漸看清。她理解到自己與男性交往時，將他們當作父親的代償——為了尋求情感寄託，同時也為了復仇。人會在各種事情上尋求代償性的滿足，有時候我們甚至會結合逃避的機制，避開與

101　第三章　情結的現象

情結直面對決，而在白日夢與空想中找到代償性的滿足。

我們要指出的最後一種自我受到情結影響的狀態，是「自我與情結同一化」。在這種情況下，自我與情結並不會像雙重人格那樣交替出現。如果以政治來比喻的話，這時候的情結就像是藏身在黑幕後的「派系」，操縱著名義上是「主流派」的自我。隨著同一化的程度，在當事人身上顯現出來的樣態也各有不同。當然，如果同一化的程度太強，就會造成病態。

某個高中二年級的男孩子，從小就一直是模範生，他非常聽父母與老師的話，可以說從來沒有做過壞事。然而有一天，這個高中生突然離家出走，父母的驚訝與擔心非同小可，因為那是他們想都沒想過的事。

所幸這個男孩去投靠了某位親戚，所以沒出什麼大亂子。但是這孩子的態度，讓他的父母再次嚇了一大跳。當他說絕對不會回家、也不想和父母講話時，「就好像完全變成了另一個人似的」。

通常受到眾人稱許的「好孩子」，雖然很聽從父母與老師的話，但幾乎不會根據自己的意志來判斷事物或是採取行動，這種事很常見。在自我沒有察覺到情結存在的期間，狀態真的非常平和。但是，在這孩子的內心深處逐漸發展出某種堪稱為「自立情

情結：內心隱形的拉扯力量　　102

「結」的東西，最後突然爆發。當他的自我與這個情結同一化，便導致他做出離家出走的行為。

他的父母會感覺他完全變成了另一個人，也不是沒有道理。因為離家出走的其實不是他們的小孩，而是那孩子內心深處的情結。當一個人與自己的情結同一化的時候，往往充滿了力量。人在這種時候的行動通常有幾個特徵：從某個面向看起來，幾乎是在實踐閃閃發光的真理。（在上述的案例裡，是「人應該自立」）；以及令人瞠目結舌的、對現實的忽視（對於該如何自力更生，沒有任何具體方案）；還有不容置喙的頑固。遇到這種情況，很多時候我們除了等待情結的力量減弱，讓與我們對話的自我恢復一些主權之外，別無他法。

有關③的雙重人格，我們已經在上一章討論得很仔細；至於④「自我與情結之間建立理想的關係」，我們將保留到第四章來談論。關於②「自我受到情結影響的情況」，上述我們所舉出的案例大致上都發生在所謂「健康人」的範圍內；不過，若是這些影響表現得更加明顯而成為症狀時，便是所謂的精神官能症（德：Neurose，英：Neurosis）。關於這一部分，我們將在下一節中繼續探討。

第三章 情結的現象

2 精神官能症

所謂的精神官能症，指的是因為心理上的原因，所導致的心理機能或生理機能的障礙。一般我們認為，精神官能症與思覺失調症、憂鬱症等內因性精神疾病屬於不同的範圍，但關於這一點我們暫且留給其他專書。在這裡我想要探討的，是精神官能症與情結的關聯。

我們所說的精神官能症，是指「某種情結不但影響到自我，更顯現為各種精神官能症狀」的情況。精神官能症有各式各樣的症狀，當事人自己也覺得這些症狀病態且不合理，卻怎麼也無法以有意識的方式治癒。

雖然說精神官能症的成因，是自我受到情結的影響，但精神官能症患者的自我，不必然比沒有罹患精神官能症的人軟弱。很多人認為自己是「正常」人，而那些罹患精神官能症的，是比自己軟弱的人，但事情並不是那麼簡單。有許多偉大的藝術家是精神官能症患者──首先，佛洛伊德自己就有精神官能症；閱讀畫家林武（1896-1975，本名林武臣）本人所寫下的文字，我們可以知道他受到嚴重的精神官能症所苦。難道我們能輕易地以此斷言，這些偉人的自我，比所謂的「正常」人軟弱嗎？

是否罹患精神官能症，取決於一個人的自我與情結之間的相對力量關係。打個比方，一艘船再小，只要裝載的貨物少，就不會發生問題，也就是說，這樣的人是「正常」的；但就算是大船，如果承載的貨物過重，也會發生障礙，這時候就會罹患精神官能症——如果船因此沉沒，當然就萬事休矣；但假設那艘船明明已經發生障礙，仍然不放棄地持續運送貨物，受到當事人的素質與所在環境的影響，導致各種不同的情況。這艘船與貨物的大小、以及它們之間的關係，受到當事人的素質與所在環境的影響，導致各種不同的情況。如果有的人因為貨物對自己的船來說太過沉重，不知不覺中把一部分貨物堆到別人的船上，或是讓別人的船拖著自己往前走，那會變成什麼樣的情況？在「沒有精神官能症」的解讀下，這樣的人是「正常」的；但是他會為別人帶來許多麻煩，有時候甚至成為罪犯。

透過歇斯底里的案例，佛洛伊德明確地告訴我們，精神官能症是因為情結而發的，可以透過讓患者意識到情結的存在，來給予治療。而且在分析患者的過程中，他了解到一件事——情結的核心，存在著性方面的創傷經驗（舉例來說，如果是女性，很可能是在幼年時期受過父親的性侵害）。因此——就像第一章最後所述——他認為所有情結的根源都是伊底帕斯情結，並試圖從與伊底帕斯情結的關聯，來說明精神官能症理論。首先是「轉換性歇斯底里」，

讓我們簡單說明佛洛伊德的精神官能症理論。

105　第三章　情結的現象

又稱「轉化症」（conversion disorder）或「功能性神經症狀障礙症」（functioning neurological disorder）：情結的作用全然遭到壓抑，患者完全沒有感覺到情結的存在所帶來的不安，但是情結的作用轉向生理方面，而造成手腳麻痺、失聰、失明等等生理機能的障礙。根據佛洛伊德的看法，「不安型歇斯底里」與轉換性歇斯底里有著相似的症狀。相對於轉換性歇斯底里患者感覺不到不安，在不安型歇斯底里的情況中，情結的作用沒有轉換到生理機能方面，而是朝向其他事物。舉例來說，有的人看到馬就覺得不安，也有的人害怕搭乘交通工具，現在的精神醫學稱呼這些症狀為「恐懼症」（phobia，或譯為畏懼症）。根據佛洛伊德的解釋，這是因為雖然自我感受到情結的存在所帶來的不安，但是情結原本的對象受到壓抑，而透過代償機制，轉向了馬或是交通工具等事物。

接下來，另一種情況是「強迫症」（obsessive-compulsive disorder, OCD）。舉例來說，有些患者的心裡會經常無法控制地浮現「自己說不定會殺人」的想法。佛洛伊德認為在這種情況下，患者的心理不像轉換性歇斯底里那樣完全受到壓抑；患者記得創傷經驗本身，但是伴隨著創傷經驗而來的情感則遭到壓抑。也就是說，情結造成的觀念，就像失去內容的外殼一樣，以不帶情感的方式持續反覆。如此來看，強迫症與不安

情結：內心隱形的拉扯力量　　106

型歇斯底里正好相反——不安型歇斯底里的患者意識到的是情感的一面，而心理內容則遭到壓抑。除此之外，佛洛伊德更是認為，遭到壓抑的情結皆與「性」相關。

相對於上述的精神官能症，佛洛伊德認為，「焦慮症」（anxiety disorder，外在的表現只有焦慮）或是「慮病症」（hypochondriasis，患者表示自己有頭痛、腰痛等等身體上的痛苦或障礙，但是生理方面並沒有問題）等症狀，來自異常性生活等生理上的原因，並非來自情結的心理原因——因此他甚至主張，這些症狀並非精神分析學的對象。

以上我們以非常簡化的方式，介紹了佛洛伊德初期的想法，但今日精神分析學的想法，已經有了許多進步與變化。

如前所述，佛洛伊德對精神官能症進行分類，並且主張從心理上的要素說明它們的原因；相對地，榮格則從「如何治療」的觀點思考，並因此主張以這樣的分類進行診斷沒有太大的意義。精神官能症的治療是個很大的問題，沒辦法在這裡詳細論述，但我們可以說的是，榮格重視治療者與患者之間的人與人的關係，他甚至認為，以上述的分類為基礎進行客觀診斷的態度，對治療者來說反而會造成負面影響，不利於構築理想的人與人的關係。

而且，為了持續進行治療，釐清患者的情結內容是很重要的。很多時候，臨床的症

107　第三章　情結的現象

狀不能幫助我們理解情結的內容，反而會將它隱藏起來，因此就算診斷出病名，也沒有任何意義。相反地，因為「真正的心理診斷，只有在治療的最後才會明朗」（〈醫學與心理治療〉），榮格認為治療者不應執著於從症狀決定病名，以避免先入為主的看法。而且，雖然情結的內容會在治療的過程逐漸明瞭，但這個內容不必然與「性」有關。我們必須考慮各種不同的情況，個人的差異也不容小覷。榮格因為抱持著這樣的觀點，所以對精神官能症的分類興趣缺缺，他更把心力投注在，如何將情結的內容整合到自我之中。換句話說，也就是闡明他命名為「實現自性」（或稱「個體化」）的過程。

對於精神官能症，榮格重視「治療」更勝於「症狀的分類」，並且明確地指出在治療的過程中，治療者與患者的人與人的關係非常重要。我覺得這一點意義重大，我們幾乎可以說，今日所有從事心理治療工作的人，都非常重視榮格所說的人與人的關係，這一點都是不變的；但是我認為，在實際治療精神官能症病患的時候，為了掌握病情的整體樣貌，透過症狀來分類是必要的。的確，就像榮格所說的，情結的內容與症狀無關，但是情結與自我的關係，卻可以透過症狀來分類。

如果真的要詳細探討精神官能症，需要一整本專書的篇幅，但是我希望以前述的思考為基礎，簡單談論一下我個人的看法。

情結：內心隱形的拉扯力量　　108

在歇斯底里症狀的背後，存在著完全受到自我壓抑的情結，而它的力量顯現為生理機能的障礙──這個自佛洛伊德以來的看法，我完全可以接受。因為這些產生障礙的生理機能，都屬於自我控制所及的範圍，比如手腳的運動、視覺、聽覺等等。因此可以想像的是，這個受到壓抑的情結所存在之處，距離自我相當地靠近。

「雙重人格」，以及與其近似的「解離性身分障礙症」（Dissociative Identity Disorder, DID）等現象，與歇斯底里的狀態有些相近。只不過，「情結完全取代自我」這一點十分激烈且戲劇化。

「輕鬱症」（dysthymic disorder）是一種心因性的障礙。患者的心情低落、有強烈的罪惡感，並且失去行動能力。最近有許多人罹患這種精神官能症，一流企業的幹部自殺的案例有增加的趨勢，成為人們熱切討論的社會議題。在輕鬱症中，情結的存在相較接近自我，而且自我對情結的壓抑，也不如歇斯底里那樣強烈。自我預感到自己遲早必須面對與情結的對決，但是對於這場對決所需要的、自我本身的改變感到害怕與抗拒，因此被逼入動彈不得的狀況──進是危險，退也是危險，有人會因此自殺，也是理所當然的。

所謂「神經衰弱」（Neurasthenia）這種精神官能症，是一種缺乏活力、什麼都不

109　第三章　情結的現象

想做的狀態。罹患這種精神官能症的人，沒有做任何事的動力或意願。周遭的人經常指責他們懶惰，但其實當事人也想振奮起來，只是完全「提不起勁」，自己也不知道該怎麼辦。這種時候情結並不在自我能觸及的範圍活動，也可能是有數個不同的情結彼此相爭。能量在不同的情結之間流動，但並不流向自我。實際上，只有與情結產生理想的連結，自我才能獲得能量的供給；但是對神經衰弱的患者來說，自我與情結彼此隔絕、無法接觸。

慮病症與神經衰弱來自同樣的心理機制。基本上慮病症也是一種精神衰弱，自我為了設法訴說這種能量不足的狀態，而製造出頭痛、腰痛等等生理的症狀。必須注意的是，雖然慮病症與歇斯底里同樣表現為生理的症狀，但兩者的心理機制是不同的。

焦慮症明顯可見的症狀，就只有焦慮的發作，要找到它的心理原因相當困難——自我想要表達自己的不安定感，但由於不知道原因而不知如何是好。如果焦慮症的發生單純是因為自我的結構無法整合，那麼治療的方式也相對簡單；但是，焦慮症有時候是因為自我預感到強大情結的存在，或者也可能是自我瓦解（思覺失調症）的前兆。

恐懼症介於焦慮症與強迫症中間，比方常見的有懼高症、尖物恐懼症、不潔恐懼症等等。恐懼症是許多各種不同的型態，硬要將它歸類的話，應該是屬於後者。恐懼症有

情結：內心隱形的拉扯力量　110

什麼樣的狀態？我們可以這樣說明——在焦慮的症狀持續一段時間之後，自我某種程度受到情結的入侵，但是因為對「明確地認識情結的內容」、「與情結對決」過於害怕，因此將它固定化，成為某種恐懼。

強迫症與上述恐懼症屬於同樣的傾向，但是強度更高。恐懼症將入侵的情結，固定化成為對某種特定事物的恐懼，但是強迫症會隨著情結強度的不同、種類的多寡，而出現非常多樣化的症狀。當然，我們也可以這樣想——情結的內容某種程度被意識化、並整合到自我內部，但其中難以整合的情結，就顯現為強迫的症狀。

法朗茲・亞歷山大（Franz Gabriel Alexander, 1891-1964）對「臟器精神官能症」（organ neurosis）的概念提出了明確的定義。歇斯底里表現為生理機能的障礙，而臟器精神官能症則會直接導致身體器官出現病徵。臟器精神官能症也廣泛地與「身心症」（psychosomatic disorder）[1]的問題相關，比方胃潰瘍或是某些皮膚病等症狀。在這種情況下，情結的存在與自我之間的距離就非常遙遠，其作用主要表現在身體層面；但又

---

[1] 編註：身心症，當心理問題轉化為身體上的症狀，且在生理上找不出可以解釋的病因時，則被稱為身心症，是受心理因素密切影響的生理疾病。

第三章　情結的現象　111

不同於歇斯底里的狀況，情結並未完全被自我防衛壓抑。因此在許多情況下，依然會對自我造成精神上的痛苦。

以上我以粗略的方式，為讀者們說明了精神官能症各種可能的情況。當然我們不能忘記，這些症狀會彼此重疊，也有許多症狀介於這樣的分類之間。而且，當自我與情結的關係產生變化時，也會在症狀之間發生轉移，這都是很自然的事。

接下來還有一件很重要的事——上述的精神官能症症狀，有時候僅發生在短期內，有時則會持續很長的時間。如果說我們的人生，經常透過與情結的對決而使自我逐漸擴大，那麼即使是所謂的正常人，也理所當然地會在某個時期陷入精神官能症的狀態之中。特別是在需要擴大自我的青年期，幾乎所有的人或多或少都會有這樣的經驗。當固定的症狀長時間出現，就可以說是真正的精神官能症了。然而，因為不論短期或長期，症狀本身是相同的，所以對擔任心理治療工作的人來說，為了預測、規劃治療的時程，區別兩者非常重要。

我想用一個比喻來說明上述精神官能症的分類。很多人將人生比喻為航海，讓我們想像在遠洋航海尚未發達的古代，有一艘船抵達某個原住民的港口，要開始進行貿易。為了簡化說明，讓我們將比喻的對象設定為船長、船隻，以及負責與原住民接觸、決定

情結：內心隱形的拉扯力量　　112

交易商品的人。這三者中，船長象徵自我的中心，代表主體性與判斷力；船隻象徵自我的整體能力與整合的可能性；而負責與原住民接觸的人，則象徵情結。換句話說，貿易的目的是成功地與情結交涉，取得適合該船隻的貨物，順利出航。

在歇斯底里的狀況下，負責交涉的人擅自決定船隻無法承載這些貨物，將它們丟入海中，導致被丟棄的貨物纏繞住螺旋槳。這時候問題出在交涉者（自我防衛）過於強勢，而且與船長溝通不良。船長不知道發生了什麼事，只是納悶為什麼船無法動彈。

雙重人格的情況，也是因為交涉者過於強勢，然而從背後強行入侵的原住民監禁了船長，並且自己下了開船的指令。

至於憂鬱症的狀況，則是交涉者買進，或是被強迫推銷了大量的貨物。船長判斷船隻太小、無法承載全部的貨物，但留下來不帶走又覺得可惜；與此同時，原住民還是一直搬運貨物來販賣。雖然交涉者（自我防衛）很努力交涉，船長也是拚了命想解決，但表現出來的結果卻是優柔寡斷──要是改造船隻失敗了，那該怎麼辦？難得找到這麼多好貨，又捨不得放手。不知如何是好的船長，跳海自殺的可能性也很高。在這個情況下，如果能成功改造船隻，順利將所有貨物搬上船，那當然是最好的結果。許多時候，

113　　第三章　情結的現象

當憂鬱症患者的心理治療成功時，我們可以清楚看到他明顯的成長。

如果船長狠下心丟下貨物出航，又會是什麼樣的情形？這時候船隻可以「正常」航行，然而船長心裡往往放不下那些留在岸上的貨物，便又調頭開回港口。因此，憂鬱的症狀經常會反覆出現。總而言之，如果治療的過程順利，憂鬱症康復的收穫可能是豐盛的；雖然如此，但因為船長的個性優柔寡斷卻具有強烈的責任感，始終有自殺的可能性，事情也因此變得相當複雜而困難。

神經衰弱的情況，則是尚未與原住民接觸，或是因為原住民本身彼此爭鬥，而遲遲無法開始與他們交涉的狀態。船長除了閒晃，沒有別的事可做，而且一旦存糧減少，船長自己也會開始抱怨碎唸（慮病症）。等得不耐煩的船長有時候會跑去釣魚，經常惹來周遭嚴厲的指責──慮病症的患者常因為身體疲倦等等理由請假，偶爾卻會熱衷於遊樂，因此常常受到攻擊，認為他們是偷懶的傢伙。

焦慮症的狀態，就好像船長聽到「砰！」的一聲巨響，卻不知道那怪聲音是從哪裡傳來的──是船隻故障嗎？或者是船員搬運巨大貨物的時候動作太急？難道是更恐怖的，火山爆發？對搞不清楚究竟是怎麼回事的船長來說，除了設法保護自己的安全之外，無法可施。但很多時候，這樣的情況不會持續太久，很快就轉換成

情結：內心隱形的拉扯力量　　114

別的狀態。也就是說，一旦了解焦慮的原因，狀態就會變得明朗。

恐懼症與強迫症的狀況，則像是原住民強勢地不斷拿各種貨物來強迫推銷，或者也可以說是負責交涉的人判斷力有問題，買了太多東西，船長為了整理，搞得非常混亂。

至於臟器精神官能症與身心症，則已經開始超越這個比喻所能處理的範圍了。因為對於這兩種症狀，我們不只要考慮心理的問題，也必須考慮身體的問題，很難用這麼簡易的比喻來說明。我們可以暫且這麼想，那是原住民的力量強大，不只船長、交涉者，連船體都開始遭到破壞的狀態。

精神病的情況，也不在這種比喻的適用範圍內。不過，這樣想或許很有趣——我們可以說那是一場狂風暴雨，破壞了船長、船隻，甚至連原住民都受到損害。損害的程度有高有低，也不是完全沒有修復的可能性，但無論如何，這樣的破壞與先前所說的精神官能症，性質是不同的。

以上的比喻想要表達的是：精神官能症的原因，某種程度來自船長、船隻、交涉者，以及原住民之間的相對關係。我們並不能說，如果罹患精神官能症就一定是船長太軟弱，或是原住民過於強勢。我想說到這裡，讀者們應該都可以了解這一點。

舉例來說，就算船長與船隻都堅實可靠，但若是堆積太多貨物，一樣會發生問題。

第三章　情結的現象

因此我們在判斷船長、船隻、交涉者，以及原住民等各方面的力量時，必須考慮當事人本身的素質，以及圍繞著他的環境。先前我們完全沒有談到這兩點，只談論了情結與自我的關係，但是一個完整的精神官能症理論，當然必須考慮個人的素質與環境、心與身體的關係。只不過這些問題超過本書所要探討的範圍，因此省略。

透過上述的比喻，我們可以了解，對從事心理治療工作的人來說，最終主要的任務就是釐清情結的內容。儘管如此，面對焦慮症或神經衰弱等症狀時，在釐清情結內容之前，還有一些非做不可的工作——與原住民進行交涉之前，我們必須先鼓勵或安慰船長，檢查船隻的結構與性能。換句話說，我們用這樣的比喻只能描繪出它的某些面向。不過精神官能症是一個很大的問題，我們用這樣的比喻只能描繪出它的某些面向。不過對於這個問題的探討，讓我們暫且打住，移向下一個問題。

3 人際關係與情結

從先前我們談論的種種現象，我想讀者們也已經可以看出，情結會對人際關係產生影響。現在就讓我們再進一步深入思考這個問題。

首先，相同種類的情結會互相影響，這種影響強烈到甚至會讓人覺得，真的有某種「感應現象」真實存在。舉例來說，當我們遇見具有強烈情結的人時，不知為何，自己的情結也會受到刺激而蠢蠢欲動，帶給我們不安定的感覺。關於這一點，史蒂文森的《化身博士》之中有非常精彩細膩的描寫。凡是見到海德的人，總是毫無理由地感覺到強烈的嫌惡，很多時候應該就是來自這種情結的相互作用吧！

榮格在他的自傳《回憶・夢・省思》中，談到了一個非常耐人尋味的經驗。一位來尋求諮商的婦人向他坦白，她在二十年前為了一段三角關係毒殺了自己的友人，因為事蹟從未敗露，但這些馬逐漸變得神經質，其中她最喜歡的一匹馬，後來甚至不肯聽她的指令，最後她不得不放棄騎馬——或許對於情結的存在，動物的感受性比人更強吧！至少可以確定，小孩子在這方面的感受性比大人敏銳。有的人看起來是個熱心的好老師，學生「不知道為什麼」就是討厭他，我認為這樣的老師，有許多是懷有強烈情結的人，卻有很多在這裡我們使用了「感受性」這個詞語，但「感受性」與情結有什麼樣的關係呢？

如果說人在情結這件事上會產生感應，那麼懷有類似情結的人，是不是就會有較高的感

117　第三章　情結的現象

受性？舉例來說，假設我是個懷有強烈自卑情結的人，當一群人聚在一起聊到某個話題，這時有某個人突然吞吞吐吐、話講一半又吞回去，儘管其他的人都沒有注意，但是我就能感覺到這個人在這方面懷有自卑感。這種時候，因為自卑情結而煩惱的我，是不是就變成這群人之中感受性最強的人了？

要回答這個問題，重點在於我們的自我與情結處於什麼樣的關係？上述的假設情況，現實中的確會發生，但這時候如果我的情結力量大過於自我，那麼即使對方的自卑感很輕微，我也會以為它非常強烈。也就是說，我會因為自己的情結而擅自誇張、放大別人的情結，做出與事實不符的判斷。

即使自己的情結確實存在，如果自我能某種程度地整合該情結，那麼我們就能對照現實來判斷感應到的現象。這種時候，才真的能說是具有強大的感受性。情結太強的人，就像快要壞掉的收音機，不管誰從旁邊走過去，它都會「有所感應」而發出雜音——那並非感度敏銳，而是它「容易受傷」。

當然，實際上我們無法如此簡單地切割、分類。的確，我們會看到一些感受性很高，同時又容易受傷的人；只不過另一個事實是，那些壓抑住自己，而完全不去碰觸情結的人，雖然安定卻很遲鈍。

情結：內心隱形的拉扯力量　118

也有一些人,將自己強力的情結當作某種「天線」,四處打探他人的情結,以及因情結而產生的失敗或惡事,並用這些東西當作自己的養分。對這樣的人來說,情結是他重要的「買賣營生工具」。

本章第一節中所談到的投射與代償的機制,也在人際關係中發揮強大的作用。情結的投射以團體為單位進行的時候,就會鑄成所謂的「代罪羔羊」現象:團體的成員將共通的情結投射到某一個人(或者某個少數團體)的身上。最有名的例子,就是納粹德國對猶太人的迫害。但是,這絕非只是遙遠德國的故事,我們的四周一直在發生,而且我們自己也一直在做同樣的事。

透過將某個人(或某團體)當作代罪羔羊,容易使一群人統一成為一個團體。舉例來說,在「猶太人是壞人」的口號下,二戰時期的德國人得以團結一致,將所有壞事都歸罪於猶太人。然而,這個方法雖然簡便好用,卻也很廉價。以這種方式形成的團體,乍看有強大有力,其實結構非常脆弱,因為無論如何,這都是以「忽視現實」為基礎所形成的結構。

還有一種類似的現象,就是透過共有相同的情結所形成的團體。舉例來說,一群懷有強烈自卑情結的人聚集起來,首先會在暗地裡以自卑情結為共有物,接著則會仰仗這

個團體的多數而虛張聲勢，透過對自卑感的反向作用來保護自己。所謂的不良少年集團，就是這種產物。

這樣的團體，有非常堅強的向心力，因為當團體的成員離開到團體之外時，就必須以個人的身分面對自己的自卑感，並與之對決。對他們來說，那是非常可怕的事。只要安身在這樣的團體中，他們就能感覺到難以言喻的溫暖。

當身為心理治療師的我們，試圖治療所謂不良少年集團的成員時，便會因此感到困難。在這些少年的心中，其實也有脫離這樣的團體、認真過生活的想法，但是在他們借助我們的力量、努力實現這個想法的時候，很多人會因為離開了不良少年集團的「溫暖」，而感到孤獨難耐。一旦認真生活，的確會有人稱讚他們、幫助他們，但那和他們所尋求的「溫暖」是不一樣的東西。這種時候，儘管他們心中希望能認真生活，結果還是會回到原先的團體之中。

情結的共有並非獨屬於不良少年，這種現象也存在於夫妻、朋友，以及其他各種團體內的人際關係之中。情結的共有，是連結該團體成員最大的因素。當團體共有的情結力量強大時，強力的一體感就會開始抹殺成員的個性。這一點，和強力的情結會威脅到個人自我的存在是一樣的。如果團體內的某個成員開始意識到這件事，自己與該情結對

情結：內心隱形的拉扯力量　　120

決，並成功地將它與自我整合，他就不得不離開這個團體。這時候團體的其他成員要不是攻擊他、譴責他，就是會想方設法讓他回想起過去的「溫暖」的關係。但是，當一個人不再苟安於團體之中，而試圖自己與情結對決、活出自己的個性時，他就不得不切斷這種溫暖的人際關係。實現自性的道路始終是孤獨的。

代價也是常用的機制。讓我們來看看，我在美國、歐洲也經常看到、聽到的例子。

有一對美國夫婦，雙方都是富於知性的人。他們的子女都已結婚、獨立。因為寂寞，所以他們讓一位日本女留學生寄宿在家裡。事實上，這對夫婦的子女們所選擇的結婚對象，都不符合他們的期望，但是因為他們認為「必須尊重孩子的個性與判斷」，所以認同孩子們的婚姻，也與孩子們的配偶和平相處。

日本留學生看到這樣的情形，想到一般日本的父母總是過度干涉，覺得這對美國夫婦真的很了不起。此外，她也從他們身上學到，美國人是如何尊重子女的個性、如何以理性作為判斷的基準、如何控制自己的情緒反應，並且以此自豪。然而，當這位留學生開始談戀愛的時候，這對夫婦就開始猛烈地干涉。當然，他們的干涉始終是基於「合理的判斷」。他們說，這位女孩不應該交美國男友，因為國際婚姻太難維持了，而且在年輕的美國男性之中，不可能找到適合她的人（這時候他們所舉出的缺點、理由，都是他

第三章　情結的現象

們對自己女婿的不滿之處）。最後，這對夫婦表示要幫這個日本女孩找到合適的日本男朋友，而這也是基於他們「合理的判斷」——「因為這女孩的判斷力尚未成熟，所以我們必須幫助她」。

就算是不相干的人也一眼就能明白，這對美國夫婦將這個日本女孩當作是自己子女的代償。只是他們為自己的行為合理化，沒有意識到自己真正的動機。先前他們雖然不滿意子女的婚姻，卻勉強同意——當時他們感覺到的心理損失，現在想要從這個日本女孩身上得到補償。這是常有的事。

有些人明明只是造成對方的困擾而已，卻擅自把對方視為心理上的子女，強迫推銷自己的「好意」。出人意料地，許多這樣的人反而對自己的子女漠不關心。

話說回來，在上述那對美國人的例子中，或許有人會產生一個疑問——這對夫婦對自己的子女不加干涉，這是一件好事；如果這位日本的女性房客沒有出現，他們是不是就不必經歷那種對子女所產生的「佔有情結」呢？與美國人不同的是，許多日本女性特別容易刺激他人產生的「佔有情結」，因此，這個情況的成因正是在這位日本女性身上，正因為她，這對夫婦才經歷了一場原本可以避免的經驗。

不過，這件事也可以有不一樣的想法：過去這對夫婦強迫自己壓抑對子女的佔有情

情結：內心隱形的拉扯力量　　122

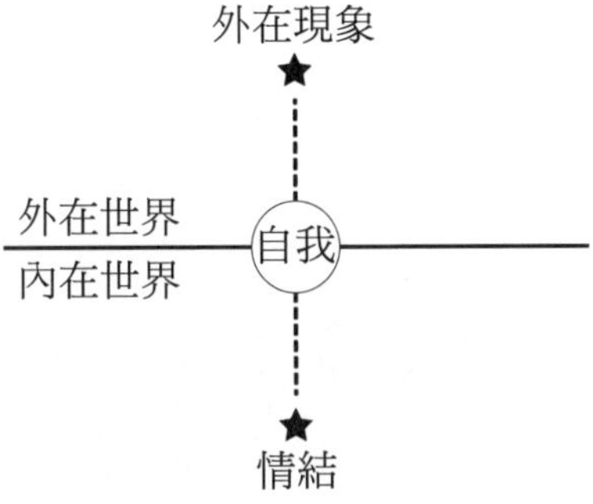

```
              外在現象
                ★
                ┊
                ┊
  外在世界        ┊
 ─────────────（自我）─────────────
  內在世界        ┊
                ┊
                ┊
                ★
                情結
```

圖3　佈局

結，並且為自己的決定合理化，但是在即將步入老年的時候，他們越來越壓制不住情結的力量。話雖如此，自己的小孩不可能成為他們佔有的對象，是他們在無意識中設計安排了這樣的情境——讓最適合作為佔有對象的日本女性，寄宿到家裡來。因此，這件事情的原因，還是在於這對夫婦的情結，不是嗎？

像這種關於問題成因的爭論，我們不知道已經聽過了多少次：「到底真正的原因在哪裡？」「到底是誰不好？原因出在先生還是太太？」等等。對於這種爭論，我是這麼想的——這種時候，原因出自哪一方並不重要。重要的是，某個人內在的情結與外在的事態之間，自然形成了某種巧妙的佈局。這種外在與內在狀況間不可思議的呼應性，時常讓人只能瞠目結舌。我們該做的，不是去追究原因，而是要把焦點放在此時的佈局已然形成的事實，而且，自我應該努力去了解這樣的佈局的意義。

讓我們再以上述美國夫婦的自我為例。在現在這個即將邁入老年的時候，他們對偶然出現的異國女孩激起了如此強烈的佔有欲。相較起來，過去他

123　　第三章　情結的現象

們對自己的小孩所表現出來的態度，幾乎可說是漠不關心。如果他們能深入思考這樣的「佈局」就會發現，他們的自我與某個情結正面對決的時機正逐漸迫近——而那是過去他們透過合理化機制去防衛自我，因此從未意識到的情結。

是自己不對？還是這寄宿的女學生不好？比起為了這種事心煩，更重要的是正面迎向眼前這個不得不與之對決的情結。那或許是對其他美國人來說非常罕見的經驗——此時杯子已經抵到唇邊，非喝不可。

這樣的想法引領我們走向下一章所要探討的問題，那就是情結的消除。

情結：內心隱形的拉扯力量　　124

第四章　情結的消除

1 與情結對決

到目前為止，我們主要談論了情結所導致的問題行為。接下來的這一章，我們要來思考如何消除情結。也就是說，我們將要探討第三章開頭所提到的，自我與情結的關係類型中的④——自我與情結之間，建立了理想的關係。

然而，從先前敘述的各種現象就可以察知，雖然我們說「消除」，但是情結不是那麼簡單就會消失的東西。「消除」這個詞語或許容易招致誤解，但因為它淺顯易懂，我們就暫且用它作為本章的標題。不過請讀者們不要忘記，消除情結需要付出很大的努力，接著就讓我們來談這件事。

透過實例比較容易理解，所以讓我們來思考一個學校恐懼症的案例：學校恐懼症有時候又被稱為拒學症，是最近不斷增加的一種現象。當事人與周遭的人都不知道確切的理由，但患者就是變得無法上學。造成學校恐懼症的原因各有不同，其中最重要的因素，或許存在於當事人與母親之間的關係。

某一位中學男生得了學校恐懼症。順帶一提，這個孩子的家庭組成有點特別，他與

情結：內心隱形的拉扯力量　126

年紀比母親大很多的姨母同住，稱呼她為「大媽媽」，跟她關係很親密。早年因為家道中落，這位姨母放棄結婚，並且努力經營事業，成功地讓整個家族恢復興盛。她還以家族的名義收養了一位養子，以作為妹妹（當事人的母親）的夫婿。這位姨母確實堪稱是這個家族的「大媽媽」。當事人的父親以養子的身分進入這個家族，當然抬不起頭。這位父親是一個樸實正直的人，工作能力也很強，但是對於自己孩子的事很少發表意見（或許更應該說，輪不到他開口）。

因為這孩子罹患學校恐懼症，姨母的擔憂非比尋常，最後終於找到一位心理治療師，讓孩子接受治療。然而，因為姨母是家族生意的中心人物，無法陪孩子去看診，於是讓孩子的母親跟著他去。仔細想想，這說不定是這位母親第一次扮演母親的角色。過去不管是入學或畢業典禮，都是「大媽媽」以家長的身分出席參加；母親的存在反而像是小阿姨，有時候甚至像是女傭。

看到這種狀況，我們於心了然，這孩子無法去學校的原因。孩子從出生開始，成長的過程需要母親溫暖的保護，但是為了長大成人，孩子必須慢慢離開母親的保護而逐漸自立。以這孩子的內在體驗來說，就是原本安心沉浸在母親情結1中的自我，必須脫離該情結。這時候少年的內在自我，並不能說是與母親情結同一化，而是處於更初期、更稚嫩

第四章　情結的消除

的階段──這孩子根本還沒有形成明確的自我。自我要形成，必須與母親情結分離，而那是相當辛苦的事；但另一方面，少年的心中也有一個強烈的聲音告訴他，繼續這個樣子下去是不行的。就在這兩種想法的矛盾衝突中，少年變得無法上學。

來到心理診療所的母親與孩子，分別向不同的治療者，說了許多關於家族以及孩子成長過程的事，概要如前所述。治療持續進行的過程中，發生了一個事件：這位少年表示「如果讓我搬到宿舍去住，我就去上學」，並且和家人商量這件事。「大媽媽」當然非常反對。為了反駁，少年說了絕對不應該對「大媽媽」說的話，他說：所謂的「大媽媽」到底是什麼？沒有結婚的人怎麼當人家的媽媽？

少年搬了出去，「大媽媽」則臥床不起。然而，住在宿舍的少年還是無法上學，心情非常低落。就算心裡想著要上學，早上卻還是起不來，怎麼樣也無法行動。就這樣到了兩三天後的一個半夜，不知道哪裡來的狗狂吠個不停，吵得少年睡不著，於是他突然想回家看看。

走在路上，少年開始意識到，自己其實是因為想念「大媽媽」，所以才想要回家。

一回到家，少年直接走到「大媽媽」的房間。兩個人都有好多話想說，卻一句也說不出

口，只是握著對方的手哭泣。之後，經過不到一個禮拜，少年退掉了宿舍搬回家，也開始上學了。後來，這個家族成員之間的關係產生了變化：姨母把事業實權移交到妹妹與妹夫的手上，自己則隱身幕後，扮演協助的角色。少年還是像以前一樣，稱呼姨母為「大媽媽」，但是他心裡很清楚，「大媽媽」正逐漸轉變成「我最喜歡的姨母」。

或許為了敘述這個案例，我用的篇幅有點長了，但是，如果真的要將這個家族中，四人心中所流動的情感全部描寫出來，大概需要寫成一整本的小說。我不會寫小說，所以就來進行枯燥無味的心理學解說吧！

在少年心中，「有兩位母親」這種異常的狀態，象徵著這位少年懷有強烈的母親情結。然而，當他成長到了中學生的年紀，少年的自我開始以自立為目標，而試圖脫離母

1 譯註：作者的原文是「母親コンプレックス」，來自一句「和製英語」（日本人獨創，英語國家中本來沒有的英語說法）——「mother complex」，片假名寫成「マザーコンプレックス」。原意是指已過青年期的成年子女，對母親強烈的情感依附與執著。簡稱的說法「マザコン」雖然意思大致相同，卻專指男性。「マザコン」在台灣常被翻譯成「媽寶」，但本書中，譯者刻意將它翻譯為較為中性的「母親情結」與佛洛伊德所主張的「伊底帕斯情結（戀母情結）」相比，不同之處在於「母親情結」的內容包含對母親的性慾與對父親的敵意，但「母親情結」不必然有這樣的意涵。除此之外，「母親情結」不限於男性，女性身上也可發現。

第四章　情結的消除

親情結。從某個面向來看，這或許就可以說是母親情結的「消除」。為了消除母親情結，少年必須與之正面對決；從外在的層面來說，就是他必須與「大媽媽」對決。而在這場衝突對決的最高點，少年攻擊「大媽媽」的這句話──「所謂的大媽媽到底是什麼？」──就像一把刀，刺進這位堅強女性的心臟。

這是件好事嗎？如果從這位姨母的立場來思考，這個故事會呈現什麼樣貌？她放棄結婚，為了妹妹夫婦的幸福而辛勤工作，像真正的母親一樣疼愛他們的孩子。這位姨母一心以為，少年不但和自己很親近，甚至把自己當作媽媽──對於這點，她從未有過一絲懷疑。但是就在即將邁入老年、逐漸開始擔心老年生活的時候，自己最寄予厚望的少年卻當面說出最過分的話：「沒有結婚的人怎麼當人家的媽媽？」不論是誰站在這位女性的立場，都會想要譴責這位少年吧！

這裡我想特別強調的是，在消除情結的過程中，我們就是會遭逢如此困難、艱苦的時刻。情結的內容由情感所凝聚，所以榮格才在「情結」之前，冠上「沾染情感色彩的」這個形容詞。在這個過程中發生的現象，與其說是「消除」，不如說是一場「爆發」。

少年以言語攻擊他的姨母，並且離開家，搬去宿舍，這樣的行為要如何以心理學解

情結：內心隱形的拉扯力量　　130

釋？我認為那是少年心中剛開始萌芽的自我，與「自立情結」同一化所產生的行動。如果我們觀察其中自我與情結的關係，就會發現，它與我們在第三章第一節的最後所舉出的「離家出走的少年」是相同的現象，這絕對不是值得讚許的行為，但如果沒有這種來自同一化的爆發性舉動，這位少年想要自立，恐怕會相當困難。如此一想，這場爆發終究有其必要。

使用「對決」一詞時，它指的並不是這場爆發性的衝突。或許在少年搬到宿舍之後，這個家族的成員們心中各自發生的那些現象，才更應該稱為對決。少年在宿舍裡反省，怎麼可以對「大媽媽」說出那麼傷人的話？一直不去上學的自己，實在是丟臉沒用的東西，因而自省、憤怒、絕望……這些狂亂的情感，恐怕也在臥床不起的姨母心中洶湧翻攪吧！正因為他們和這些情感的風暴對決，後來事態才能好轉。

在情結「消除」的過程中，每個人心中必定會經歷一場情感的風暴。姨母一定會對少年感到憤怒與心酸，少年也一定在心裡咒罵：「那種家誰要回去！」但三天之後，因為半夜裡「不知道哪裡來的狗狂吠個不停」，少年動了回家看看的念頭。若要說「少年的自立」，或許有人會想：是不是不要回家、留在宿舍，自己努力克服問題，才是真正的自立？但我並不這麼認為。那樣的做法叫孤立，而不是自立。自立的人可以與他人保

有關係，孤立的人則拒絕與他人建立關係。孤立是指自立情結凌駕並佔據了自我，而不是自我取得自立的狀態。

少年與「大媽媽」握著彼此的手時，一起確立了不同於以往的關係——他們作為個人，各自用自己的雙腳獨立站在大地上的同時，也能互相攜手、扶持。在那之前，他們之間並沒有真正的「關係」，兩個人都沉浸在母親情結之中。為了「消除」它，對決是必要的。

在這裡，我們不能只看到少年與姨母的激烈爭吵。在事情發展到那一步之前，少年已經透過與治療者的對話了解自己的處境，並且貯存了足以啟動一場爆發的能量。另一方面，少年的母親也因為與治療者的對話，強化了身為人母的自覺；同時作為一名女性，她也有了十足的成長，才能在少年爆發之後支持他、為他善後。正因為有了這樣的交流對話，以及少年回家以後整個家族共同的努力（少年與姨母的和解，以及雙親承接姨母的主導權、致力於事業的經營），少年爆發性的行為才能導致建設性的結果。這一點我們也不能忽略。

從這個角度來看，如果在情結受到自我壓抑並逐漸累積能量之前，當事人能讓自我與情結保持適當的接觸，就算偶爾發生小型的衝突，也努力將情結的內容整合入自我之

情結：內心隱形的拉扯力量　　132

中，就能避開極端的爆發，在安全的狀態下持續成長。這種時候我們就能說，自我與情結建立起了理想的關係。

情結的消除不一定總是那麼艱辛。比方第二章第四節中的例子，那位患有對人恐懼症的女性，她經由心理諮商逐漸消除情結的這段過程，甚至可以說是愉快的。那是因為她的自我已經有了相當的發展，力量也強過與它對立的情結，因此整合的過程就不會那麼痛苦。當然，對人恐懼的症狀確實令人難受，但是她的自我擁有足以克服它的能量。

這些例子顯示，為了消除情結，當事人與心理治療師的持續對話非常重要。過去沒有清楚意識到的事情，經由一再的對話，其輪廓可以逐漸浮現。不過，這裡所說的對話，並不像一般人所想像的「促膝談心」那麼輕鬆。正如前述，這樣的對話是很辛苦的，它總是讓我們認識到自己的缺陷。但如果要以此為喻，我們就可以說，所謂的「自我與情結的理想關係」，就是兩者之間可以展開對話的狀態。

到目前為止，我們之所以用「對決」來描述自我克服情結時所必須面對的狀態，是因為一般說到「對話」這兩個字時，總是讓人聯想到輕鬆的關係，而我們希望避免這樣的聯想。但是這裡所謂的「對決」，絕對沒有鼓勵敵對或攻擊的意思。舉例來說，第二章中的「雙重人格」少年的案例。中村古峽領悟到，如果只是強烈地去攻擊「惡心」，

133　第四章　情結的消除

根本毫無效果，於是他試著對「惡心」進行「耐心的說服」。中村的領悟非常具有啟發性，結果透過這樣的良性對話，中村的治療成功了。但是有一件事非常值得我們注意：當「惡心」表示要中村找個人來代替山田少年讓自己附身時，中村毫不遲疑地自願擔任那個角色。從頭至尾，中村都保持堅定的對決態度，沒有絲毫鬆懈。

也可以這麼說──為了消除情結，我們需要的是以愛為背景的對決，以及毫不敷衍的對話。

2 Trickster [2]

剛剛我們說，如果自我能在不失去與情結接觸的狀況下，一點一點地整合情結的內容，就可以朝理想的方向發展，不會產生任何問題。但實際上，事情並不總是如此順利。大多數的時候，自我會在保持某種安定性與整合性的狀況下，壓抑情結以避免受到威脅。為了改變這樣的狀況，有時候需要某種程度的──但還不至於完全破壞自我──爆發。

讓我們再次將焦點放在「大媽媽」這位女性身上，思考學校恐懼症少年的案例。這

位女性是這個家族的領導者。她不但重振家道、替妹妹找到理想的夫婿，更是實質上養育了這位少年，也就是說，身為這個家的女王，「大媽媽」是無可挑剔的。但就算是女王，也有弱點。她沒有結婚，而且對將來要繼承家業的這位少年來說，「只不過是姨母罷了」。

不能說的真相被這位少年脫口說出時，女王的權力瓦解了。這位少年，扮演了破壞這個家族安定的角色，我們稱他為「Trickster」。

Trickster 是一種擅長惡作劇的人物類型，以無與倫比的狡獪與行動力，活躍在許多神話與民間傳說之中。或許透過例子來說明比較容易理解：山口昌男在他的著作《非洲的神話世界》中，對非洲的 Trickster 做了有趣而發人深省的解說。讓我們借用其中的一個故事來說，這是非洲阿贊德族（Azande）[3]，一位名叫「圖雷」的 Trickster 眾多故事中的一則。

有一位老婆婆，是當時唯一擁有水源的人類。老婆婆種植山藥，並且拿山藥給幫她

2 譯註：「Trickster」有好幾個意思，可以是搗蛋鬼、惡作劇者、小丑、笨蛋，或是騙子。譯者故意不加翻譯而用英文原文，希望讀者直接從上下文去體會它在脈絡中的意義。

3 編註：阿贊德人分布於非洲中部的三角地區，橫跨三個國家，南蘇丹、剛果民主共和國，和中非共和國。

135　第四章　情結的消除

工作的男人們當飯吃，但卻一滴水也不給他們。因為沒有水喝，這些男人進食的時候會不小心被山藥噎到喉嚨，吞吐不得、痛苦不堪，然後老婆婆就會用菜刀割開他們的喉嚨，把他們殺了。這時，圖雷登場了。

圖雷先找到了老婆婆藏水的地方，把水裝在一個壺裡，再把壺藏進袋子裡，然後他準備了一根空心的草桿插在壺中，只留一小截露出壺口。老婆婆拿山藥餵圖雷吃，並且在一旁等著圖雷噎到，但是圖雷一邊吃、一邊偷偷透過草桿喝水，所以安然無事。老婆婆覺得很奇怪，又搬了更多的山藥過來餵他。後來圖雷假裝噎到，老婆婆就興奮地拿著菜刀飛奔過來，他趕緊逃走，跑向藏水的地方。老婆婆見狀慌慌張張地說：「不要去！那裡是糞山！」但是已經來不及了，圖雷打破了擋水的圍牆，水開始向四面八方流了出去——也就是說，今天全世界到處有水可用，都是圖雷的功勞（我只是很簡略地述說了這個故事的概要，有興趣的讀者，可以參閱原著）。

這個故事的主人翁圖雷，精彩地表現出聰明的策略、行動力與破壞性，而且這一切都帶來極具建設性的成果（為世界帶來水源）。Trickster既是善、也是惡，是破壞者也是創造者，變化自在又神出鬼沒，是完全無法捉摸的人物。當他停留在低層次時，只不過是喜歡惡作劇的破壞者；但是當他走到高層次，就成了為人類帶來幸福的文化英雄。

情結：內心隱形的拉扯力量　　136

換句話說，不論如何偉大的英雄，我們都可以在他身上感受到英雄的萌芽。

不論何等下流的Trickster，我們都可以在他身上看到Trickster的存在；而

那麼，讓我們回到先前的案例。於是，我們可以明白，這位患有學校恐懼症的少年，在這個家族中擔負了Trickster的角色。在少年罹患學校恐懼症之前，這個家族以它自己的方式保持了安定的狀態，但現在，已經到了必須破壞這種安定的時候了。姨母必須斬斷與少年在同一情結內的共生關係，承認妹妹與妹婿已經擁有獨當一面的成熟，並藉此準備、確立自己今後作為老人的生活方式。另一方面，妹妹與妹婿也必須停止一味地依賴姊姊的力量，開始作為獨立的經營者，面對事業的挑戰。這些事情與少年正迎向青年期、必須開始確立自我的時機，恰好一致。第三章結束前，我們提到了「佈局」，而上述的這些現象，正好是一個絕佳的範例。

儘管這潛在的佈局已經形成，可是這樣的組織一旦建立起來，就無法輕易瓦解。組織的鬆動，需要Trickster的存在。少年出現學校恐懼症的症狀，讓這個安定的家族從心底動搖了起來，家族全員開始反省自己的生活態度與思考方式、持續醞釀改革，而這整個過程的最高點，就是扮演Trickster的少年，向一家之主拋出那些不該說出口的話語——雖然不該說，卻也道出了真相。

第四章　情結的消除

少年的破壞行為,和圖雷破壞老婆婆隱藏的儲水處,足以互相匹敵。因為這個家族就從少年的破壞行為出發,開始建立新的秩序。

當然,我們無法想像少年是在有意識的狀況下做出這些行為的。面臨青年期的到來,脫離母親情結、開始確立自我的少年,應該是一半有意識、一半無意識地做了這些事。從這個意義來看,榮格認為Trickster的形象能「忠實地反映出完全未分化的人類意識」,真的是非常貼切的形容(榮格〈搗蛋鬼形象的心理學〉)。它雖然是意識化的萌芽,但因為尚未分化,所以同時包含了善惡兩面。

從事心理治療工作的人經常遇見Trickster,以下所要敘述的就是這樣的例子。在上述的案例裡,並沒有彰顯出Trickster狡猾的一面;為了清楚呈現這一面,讓我們來看看下面這則案例。

這是個媳婦與婆婆的故事。從外表看來,兩個人的關係並不差,鄰居們甚至認為她們「處得很好」,但這只不過是因為她們足夠聰明,不會到處向人抱怨對方而已。當然,她們並沒有真正發生爭吵。婆婆住在二樓,年輕的夫婦則住在樓下,之間,拉著一條冰冷的界線,瀰漫著強烈的緊張感。但是,聰明的兩人不會讓外來者感覺到這件事。話說回來,倒是有一個人可以輕鬆地跨越這條冰冷的界線,在兩個世界

情結:內心隱形的拉扯力量　　138

間自由行動──那就是年輕夫婦的女兒。

這位小女孩不但受到父母疼愛，也很得祖母的寵愛，所以能夠自由自在地出沒邊界，這是Trickster的特徵。這位小女孩不論在樓上或樓下都能自由行動，唯一能面對他人抱怨的聰明女性，正是所謂「連結天與地的人」（《非洲的神話世界》）。這兩位從不向他人抱怨的聰明女性，而母親則在小女孩面前感嘆祖母冷酷的態度。祖母跟小女孩說她母親的壞話。Trickster既是連結者，也是切斷關係的人。當小女孩上了小學一年級之後，以「難以相信這是小學生的狡猾」取得了母親與祖母的信任，分別向雙方洩漏情報以取得報酬。小女孩告訴祖母，媽媽如何在背後攻擊她；又告訴媽媽，祖母說了些什麼她的壞話。

這位小女孩因為在學校一刻也靜不下來，而被帶來諮商、尋求治療師的幫助。在老師與父母的眼裡，她是個讓人束手無策的過動兒；但是治療師在了解事情的背景之後立刻明白，這位小女孩背負了Trickster的重要角色。在家庭裡背負如此重大任務的孩子，在學校裡是不可能靜得下來的。

就算知道這些事，但治療師除了「等待」之外什麼也不能做。當然，雖然是等待，卻並不是毫無作為。治療師持續與小女孩的母親談話，並且陪小女孩玩耍、遊戲，等待

139　第四章　情結的消除

她們兩人自我成長到適當的強度。

然後，當時機到來，爆炸發生了——Trickster 的努力結出了果實，媳婦與婆婆發生了正面衝突。這場戰鬥之激烈，使得先生這位一家之主（雖說是一家之主，其實只是不斷從家中逃走）也不得不出面了，過去對於婆媳的冷戰，他一直假裝沒看到。幸而就像許多例子一般，伴隨著情感的爆發而帶來的持續對話，讓這個家庭建立起新的人際關係。這時候，原本導致破壞的 Trickster，作為父母疼愛的女兒、祖母眼中可愛的孫子，便成為了溫暖家庭關係的媒介者。

從常識看來，這位小女孩只不過是個過動的壞孩子，但是在治療師眼裡，她是背負某種使命的 Trickster。她發揮了引爆的力量，讓她的家庭建立起新的、高層次的安定性。心理治療師經常需要陪伴 Trickster 一起走過成長為英雄的過程，這是我們所扮演的角色。

但顯而易見地，這段過程中充滿了危險，正所謂禍福相依。舉例來說，在前述的案例中，媳婦與婆婆的衝突也很可能以年輕夫婦的離婚收場。若是結局如此，沒有人會比失敗受挫的 Trickster 更為不堪。在那徒留破壞與悲慘的局面中，她不得不獨自承受他人的憤怒與嘲笑。

情結：內心隱形的拉扯力量　140

3 死亡的體驗

正因為知道這一點，從事心理治療工作的我們，才要去接納那些被世人當作擾亂者、被貼上惡人標籤的人，仔細地讀取事態中潛在佈局的意義，試著了解Trickster在周遭關係中扮演什麼角色，一面準備必要的條件，一面等待「時機」的到臨。當然，這件事說來容易，做起來卻非常困難。實際上，有時候不論我們付出多大的努力，也無法看出佈局的意義；或者本來以為自己看懂了，後來發現其實是誤解。有時候好不容易等到期盼中的「時機」，卻讓它從手中溜走。甚至有時候Trickster的破壞力過於強大，治療師也會瀕臨崩潰而不得不逃走。我們確實得承認，面對失敗是常態。

Trickster常常在世界起源的神話中登場。前面所說的「圖雷」就是人類「第一次」享有水源的故事。心理治療師經常面對許多Trickster，他們並非存在於神話世界，而是活躍在當下。這些經驗讓我們知道，有時候改變一個人，幾乎就像創造世界一樣困難。

上一節的案例最後治療成功了，媳婦與婆婆之間的關係得到改善，小女孩也變成一個乖巧的學生。就在一切完滿落幕時，身為治療者的我們經常遭到某種奇妙的情感襲

擊——的確所有的事情都很順利，但那裡面存在著某種失落與孤寂。小學一年級的女生變成了穩重的好孩子，但是那個Trickster就這樣消失了。在世人的眼裡，那是個壞孩子，狡猾得不像個小孩。但是，我們眼中的那道Trickster特有的、閃亮耀眼的光芒，如今也不在了。

不論用什麼方式，都很難表達治療成功時所嚐到的這份失落——或者更應該說是哀傷也不一定。不過，我在井上靖的小說《化石》中，發現有一處文字精準地描寫出這樣的感覺。

《化石》的主人翁「一鬼太治平」在偶然的狀況下——或者，因為內在的必然性——發現自己罹患癌症，而且即使動手術也不可能治癒。這位名字中有個「鬼」字的主人翁，充滿男子氣慨地獨自與死亡對決。他沒有告訴任何人生病的事，決定盡一切可能，以積極的態度活過剩餘的生命。然而，最後手術奇蹟般地成功了，一鬼的性命得救了。在知道自己免於一死、即將出院的時候，他察覺心中發生了難以言喻的變化。

「一鬼感覺到現在的自己，和手術前一直有死亡陪伴的自己，有非常大的不同。筆直地注視著死亡之牆、朝它邁步走去的時候，他神采奕奕；如今死亡之牆已經被徹底拆除，他卻反而失去了活力。」

情結：內心隱形的拉扯力量　　142

手術切除了他一部分的十二指腸,但他甚至覺得「醫生切除的說不定不是十二指腸,而是別的東西」,「一鬼與死亡這位同伴一起看到的、一起聽到的、一起感覺到的事物,全部都消逝了。陽光變了個樣子;風的聲音、天空的顏色,也都不一樣了。」

這是一部描寫敢與死亡對決的長篇小說,我們只引用了結尾的一小部分,但是這一段描寫,與心理治療師們所體驗到的情感完全吻合。免於一死、重獲生命的人,卻感受到失落——這部小說正因為包含了這樣的矛盾,而更強烈地傳達了那樣的感覺。

因為手術而失去的,真的只是十二指腸的一部分嗎?主人翁的這種心情,對病患來說真的只有害處嗎?我們真的可以說,被我們消滅的 Trickster,完全有害無益嗎?在第二章所介紹的案例中,治療「波瓊與莎麗」的雙重人格的莫爾頓・普林斯曾反省自己,是不是以心理治療的名義「殺死」了莎麗?的確,如果只留下好孩子波瓊,將壞孩子莎麗完全推入無意識界,這要說是「殺人」也沒錯。

這樣一想,《格雷的畫像》、《化身博士》、《威廉・威爾森》,還有安徒生的《影子》等等,以雙重人格或分身現象為主題的小說,全部都以「死亡」迎向結局。莫泊桑的《奧爾拉》結尾,是對死亡的預感;杜斯妥也夫斯基的《雙重人格》中,主人翁

143　第四章　情結的消除

最後發狂了——一個人若是要活下去,是否一定要殺死另一個人?

關於這一點,有一個發人深省的案例可以帶給我們許多啟發。榮格派的分析家法蘭西斯・維克斯夫人(Frances Wickes, 1875-1967)治療了一位七歲的小女孩(《童年的內在世界》),在這個案例中也出現了「另一個我」的主題。

七歲的小女孩瑪格麗特,在學校幾乎連一個字都沒學會。她出生的時候,運動能力也很差,有時候會沉溺在幻想之中,是令老師們束手無策的小孩。她出生的時候,因為難產而造成的身體障礙,確實影響到她的運動能力,但是過於擔心的父母對她過度保護,更使她成為一個依賴性很強的小孩,她從未想過要努力彌補自己的缺點。

為她治療的維克斯夫人,利用這女孩喜歡幻想的特性,用充滿幻想的故事書教她認字。在學習了幾個字以後,瑪格麗特突然開始說:「我有一個雙胞胎姊妹,名字叫安娜。她跟我長得一模一樣,只不過她穿的衣服都很漂亮,而且沒有戴眼鏡,我們只有這一點點不同。如果安娜在這裡,我一定能更認真唸書……」瑪格麗特因為視力不良而困擾,所以才說想像中的安娜眼睛很好,不用戴眼鏡,這一點相當有趣。維克斯夫人說她很想跟安娜見面。瑪格麗特很高興,於是帶著安娜一起來(雖然只是想像)。從那時候開始,她的言行舉止就像安娜真的存在一樣。

情結:內心隱形的拉扯力量　144

之後的細節且讓我們省略。不過，此後只要瑪格麗特自暴自棄，或是逃避責任的時候，治療者就會問她：「安娜不知道會怎麼想？」從此瑪格麗特在安娜的幫助下，逐漸成長。和波瓊與莎麗的關係完全相反，瑪格麗特想像中的雙胞胎安娜，表現出她良心的一面。然而，除了安娜以外，又有一位目盲的少女出現在瑪格麗特的幻想世界裡。這個少女與安娜相反，如果沒有人幫忙，就什麼也不會做。這時瑪格麗特開始以這位目盲的少女為對象，學習照顧別人與承擔責任──也就是安娜為她做的事。

瑪格麗特在維克斯夫人細心幫助下，與幻想世界的居民安娜，以及目盲的少女互來往，逐漸學會自立。另一方面，她也開始在「現實」的世界中交到朋友，關心的事情逐漸從幻想的世界轉移到現實的世界。然後，瑪格麗特能夠自己獨立、與安娜分手的時刻，以完全意想不到的方式到來。

瑪格麗特做了一個夢，夢見自己在一個暴風雨的夜晚，用手推車壓死了一位少女。她告訴維克斯夫人這個夢的時候，眼睛閃閃發亮地說：「或許不久後，我也會推著車子壓死安娜呢！」從那天開始，安娜從瑪格麗特的幻想世界中消失，彷彿真的被她殺死了。這時候，遭到殺害的安娜，她的生命到哪裡去了呢？瑪格麗特後來的生活態度，解答了這個疑問。她成長為一位能夠自立的少女，我們從她的態度中可以感覺到，她繼承

145　第四章　情結的消除

了安娜的生命。瑪格麗特在夢的體驗中,清楚地察覺自己殺死了安娜,並且經由這樣的自覺,得以將安娜的生命整合到自己之中——安娜在瑪格麗特的身體中重生了。

這個案例告訴我們許多,其中最明確的一點就是:一個人的成長,始終伴隨著某種意義的「死亡體驗」。

舉例來說,本章開頭所提到的「大媽媽」在達成她的成長時,不也經歷了一次「死亡體驗」嗎?身兼少年的「大媽媽」及家族掌權人的女性死去,並且重生為監護人的角色,成為對大家都有幫助的老人。雖然我治療的對象是那位罹患學校恐懼症的少年,但是對於這位完成「死亡與重生」這個艱鉅任務的老婦人,我的胸中不斷湧出的尊敬之意擋也擋不住。而且,對給予這位女性狠狠一擊的少年來說,那無疑也是一次的「死亡體驗」——儘管有「殺害者」與「被殺害者」的差別。

雖然說是死亡體驗,但我們所談及的終究只是內在的事情,外在現實中的兩人並未死去,而且之後依然持續成長。因此,對於我們所說的「死亡體驗」,或許還需要進一步明確的說明。

當我們說「體驗到某件事情」的時候,那究竟是什麼意思?舉例來說,我們常常聽到這樣的故事:某個人因為交通事故而受重傷,卻完全沒有感到疼痛。這種時候,這個

情結:內心隱形的拉扯力量　　146

人雖然體驗到了交通事故，卻沒有體驗到它所帶來的痛苦，這是因為當疼痛帶來的痛楚過於巨大時，人們為了活下去，會啟動某種必要的生理反應，讓我們感覺不到疼痛。從這個極端的例子類推就能明白：為了生存，人並不會體驗所有的外來刺激，而是會對它加以適當的限制。

為了生存下去，我們會對多少事情視而不見？──不要說視而不見了，事實上我們根本沒有實實在在地去「看」。歇斯底里的症狀，絕不能只當作笑談。

舉例來說，當我們看到一棵柏樹，並且說它是「一棵柏樹」的時候，這樣的行為已經包含了對體驗的限制。我們做出這樣的判斷，不只是因為這棵樹的顏色、形狀等等，還根據心中既有的概念，才得以安心地觀看這棵樹。先前我們說過，自我具有「經驗」與「判斷」的功能，但事實上這兩者微妙地交纏在一起。一方面可以說，我們是以視覺的經驗為基礎，建構了我們眼前的物體是一棵柏樹；但另一方面甚至也可以說，判斷眼前的物體是一棵柏樹這個判斷，造就了我們的視覺經驗。這種時候，如果有人能夠在不受概念限制的狀況下觀看柏樹本身，那麼會是如何？如果這個人同時還擁有將自己看到的、專屬於他的經驗描繪在畫布上的能力，那將會是一位天才畫家吧！

前面這段話似乎有點偏離主題了……當我們「體驗」某種事物的時候，實際上發生

了什麼事？可以這麼說——所謂「體驗」，就是我們盡可能地接受伴隨著該事物的各種外在、內在的刺激，並且將它統整、納入自我的體制之中。但是從先前柏樹的例子也可以看出來，這其中所發生的現象，可以有種種不同的程度差異。以死亡的體驗為例，則是當死亡發生時，作為外在的現象，它是完全終止、無法重來的狀態；而內在的現象，則是隨之而來的痛苦、悲傷、嚴酷等等感受，以及為了補償外在世界中完全終止的遺憾，經常會產生的永恆性的情感。自我必須認知到這一切，將它融入自我的體制之中——換句話說，必須賦予它意義。

再回到我們的案例上吧！如果我們只看到「有一位中學生，不知何故開始不去學校，又不知何故痊癒了，開始上學」，就無法明確掌握這個案例的意義。在這位中學生與母親（在這個案例中，母親的角色由姨母扮演）對決的爆發之中，過去可以無限依賴母親的孩童時代，完全終止了。這件事帶來了痛苦與哀傷，但是從斬斷舊有關係的悲傷底下，逐漸升起了新的關係，而其中就藏有一種永恆性的情感。當少年感受到其中所有的情感，並且將它們融入自己的自我之中時，我們便可以說，這位少年經歷了一次「死亡的體驗」。這件事對被稱為「大媽媽」的老婦人來說也是一樣的。

當然，這樣的「體驗」會有程度的差異。我們可以說，體驗越是充分，自我成長的

情結：內心隱形的拉扯力量

幅度也就越大。換句話說，如果「死亡體驗」足夠深刻，就可以引導當事人走向重生；但如果這個體驗進行得不夠徹底，當事人就會變成如同幽靈般的存在。若以患有學校恐懼症的少年為例，他就算開始上學，也很可能只要稍微碰到一點不如意，就躲在家裡不出門；而那位姨母，也可能口頭上把家業交給妹妹與妹婿，實際上卻凡事干預，指指點點，讓他們無所適從。

在某種意義下，情結的「消除」總是伴隨著死亡的體驗。我們之所以從那些成功消除情結的患者身上感受到某種失落與悲傷，或許就是因為他們的背後都存在著死亡的體驗吧！這時候能慰藉我們的，就在於死去的情結的內容，有多少可以在自我之中獲得重生。以瑪格麗特的案例來說，安娜雖然被殺死了，但是我們能在瑪格麗特身上感覺到安娜的生命被繼承、延續了下來。

話雖如此，我們也無法感到全然的喜悅。因為，我們無法在瑪格麗特身上看到安娜的全部。當然，消失的 Trickster 留下了一部分在這位小學一年級的女孩身上；儘管如此，卻不是將所有的光輝都留了下來。但是，我們必須以此為滿足──人類做得到的事，不過如此而已。上天賜予人類的水源，我們無法全部利用，這些水的大半都流向了大海，我們只用了很小的一部分來發電或灌溉，並以此為滿足。如果還能避開洪水的侵

襲，那就更是不得不額手稱慶了。

4 儀式的意義

情結的消除伴隨著死亡的體驗。但不難想像的是，這樣的體驗並不容易，總是充滿了危險。

為了將死亡的體驗內化，自我需要擁有足夠的強度。如果自我不夠強大，有時甚至會導致外在產生自殺或殺人的行為。我們在第一章介紹到里克林詞語的聯想測驗，受測者很明顯地具有伊底帕斯情結，對父親有強烈的攻擊性。這位路面電車駕駛員應該要在與伊底帕斯情結的對決中，以內在的方式體驗父親的死亡；但是他卻做出在現實世界中殺人的行為──開著路面電車，輾斃了長得像父親的人。同樣地，我們在與自殺未遂的人談話時，也經常感覺到一種無望的掙扎──當事人在尋求死亡的體驗。

這麼一想就可以知道，直接「體驗」某事物相當困難。像柏樹的例子就在告訴我們，說不定每個人都在逃避體驗「柏樹本身」。話雖如此，若是希望自我成長，就需要某種嶄新的體驗。為了與情結對決、將它的內容納入自我之中，我們必須「體驗」保存

情結：內心隱形的拉扯力量　　150

在情結之中的情感，將它化為己有。

為了將情結中的內容與能量化為己有，自我需要某種導引的「渠道」。榮格認為，「儀式」就提供了這樣的功能（〈心的能量〉）。他舉了未開化民族的各種儀式為例。比方說，他們在出發進行狩獵或戰鬥的時候，會舉行種種複雜的儀式。這些儀式的目的當然不只一個，但其中之一就是要透過儀式來提供必要的渠道，激發並導引出狩獵與戰鬥所需的能量。

這種具有「引水」功能的儀式，在某種意義上也防止了直接體驗的危險性。我們體驗的對象，不能是足以破壞自我機能的事物。舉例來說，大量的水流一次傾瀉出來，只會造成洪水氾濫，於是我們讓它流入河川、導向必要的渠道，只有這時我們才能利用這些水來從事灌溉或發電。渠道扮演的角色，既是防洪，也是引水。儀式的雙面性也是如此——引導我們體驗某些事物，同時也保護我們不受該體驗傷害。

人在面對神——超越自我的力量——時需要眾多儀式，也是同樣的道理。人總想盡量接近神，但若是直接體驗神的話，其力量之大足以致人於死地。如果不想失去生命，卻想盡可能靠近神，最好的方法就是設計出許多儀式。不過，一旦人們忘記了這一層意義，儀式就不再是接近神的手段，而會成為隔絕人與神的障壁——這樣的儀式，徒留空

151　第四章　情結的消除

弗雷澤[4]的名著《金枝：巫術與宗教之研究》之中，記錄並描述了世界各地的許多王位繼承儀式。這些儀式可以清楚地闡明我們上述的論點，同時也連結到死亡的體驗。讓我們一面引用弗雷澤記述的例子，一面繼續探討。

弗雷澤以大量的例子顯示，未開化民族之間普遍存在著一種制度，現任的王，來進行王位的繼承。這種制度來自這樣的想法——我們必須在王自然衰老死亡之前，將他健全的靈魂轉移到後繼者身上。王必須是絕對完美的，如果王生病了，不再擁有足以滿足眾多妻妾慾望的能力，就必須立刻舉行王位繼承的儀式，也就是執行王的死刑。

舉例來說，在西魯克族[5]的習俗裡，一旦發覺王不再具有滿足眾多妻妾的氣力，妻子們就會向長老報告。長老們會將白布覆蓋在午睡中的王的臉部與膝蓋上，以宣告他的命運，並且搭建一座行刑用的小屋。王與一位妙齡女子一起被關進小屋裡，並以她的腿為枕橫臥。族人將小屋的所有出入口密封，也不給予他們任何食物或飲水，兩人最後因飢餓與窒息而死。

還有一種制度，是王在即位一定期間之後（從一年到十二年不等）即被處死，或是

情結：內心隱形的拉扯力量　　152

自殺以讓出王位,這也是基於同樣的想法。在印度的一個地區,王預先設定的統治期間為十二年。十二年結束後,人們會舉行許多儀式,並在最後的儀式中割下王的鼻子、耳朵、嘴唇,以及四肢,當王因為失血過多而昏迷的時候,再割開他的喉嚨;而即將繼承接下來十二年王位的人,則必須目不轉睛地注視著這個光景。

在我們的眼裡看來,這些駭人聽聞的儀式非常殘忍,但如果我們將它們視為未開化民族的「無意識的智慧」,就可以理解它們的意義——死與重生,是全國上下所有國民都必須體驗的事;而代表國家與國民的王,則必須照著字面的意思,實際體驗死與重生。為了王的死亡而費心安排的這些讓我們感到殘忍的手段,目的就是為了讓王「體驗」死亡。王位繼承者被迫注視這樣的光景——十二年後自己的命運——也是為了同樣的目的。

話說回來,從人的自我的角度來看,這些做法必須予以全盤否定。它們既殘忍又不合理。事實上,弗雷澤舉出了一些敢於反對這些制度的「強勢王者」。這些擁有「強大

4 編註:詹姆斯・弗雷澤爵士(Sir James George Frazer, 1854-1941),蘇格蘭人類學家,主要研究領域包括神話和宗教。

5 譯註:西魯克族(Shilluk People),為東非的一個民族,自稱 Chollo。

153　第四章　情結的消除

「自我」的王，改變了制度，但是並不希望連所謂的「死與重生」的體驗也一起否定，於是構想出新的制度——在王統治了一定期間之後，找一個死刑犯作為王的替身，讓他擔任王的職位，並允許他盡情享樂，幾天後再將他處決。

還有一種更進步的做法。夏威夷的某個部族，在每一年結束的時候舉行一種儀式：他們會安排一位戰士，朝著王投擲標槍。王如果成功擋下，那就什麼事都沒有；若不幸失敗了，就一命嗚呼。或者想要更簡略一點，就可以像巴比倫的國王那樣，只要每年到馬爾杜克大神殿[6]，握住神像的手更新自己的力量就好。

也就是說，自我希望盡可能延長王的生命，並且阻止殘虐的殺戮，而來自無意識的力量則不斷渴望死與重生的體驗。上述的那些儀式，就是這兩者力量妥協之後的結果。

但糟糕的是，經過一段時間以後，人們往往會忘記儀式中的精神，只有形式傳承了下來。也就是說，儀式被形式化了。「只有固定的行為，缺乏內在精神」的儀式，就只剩下空殼，完全失去原來的意義。沒有生命的儀式有多麼荒謬？這連中學生也能立刻明白。也有人自己看出儀式的形骸化，並且在破壞儀式的行為中，找到儀式的低層次意義，因而沾沾自喜。但真正的重點在於創造適合我們的其合理性與同一性等等——的狀況下，找到能為自我注入新生命的儀式？如何在不破壞自我——這是現代人的

情結：內心隱形的拉扯力量　　154

重大課題。

幾個好朋友即將從大學畢業，相約一起出遊，他們在預定的地點集合。明明大家都很期待這趟旅行，卻不知道為什麼所有的人心裡都瀰漫著不安。他們在旅途中互相聊了起來，才終於知道那種感覺是怎麼回事。其中的三位，在出發前夜做了同樣的夢，夢見在這次的旅行中，他們之間會有一個人因為意外而死亡。另外一位在出發時莫名地感受到不祥預感。還有一位看著前來送行的父親，突然覺得自己說不定再也見不到他了。他們就一面談著這些不安與夢，一面繼續旅行，最後平安無事地回到家。後來，他們還聊起這件事，一面為夢的預言不準而大笑。

不過在我看來，那一次的旅行是他們的「畢業儀式」。對他們來說，學生生活已經結束，再也不會回來了。他們必須以社會人的身分重新出發。畢業這件事「其實沒什麼大不了的死亡體驗。但是，如果從一版一眼的理性精神來看，畢業這件事「其實沒什麼大不了」；就算真的有什麼意義，也只不過是以大學畢業生的身分進入社會，比較能得到人

6 編註：馬爾杜克大神殿，又譯作「埃特曼安吉神塔」，是一座位於古代美索不達米亞巴比倫城，為蘇美爾神祇馬爾杜克（Marduk）所建的金字形神塔。馬爾杜克，又稱為彼勒（Bel），是巴比倫的守護神，被奉為創造和命運之神。

們的認可，充其量只是一個過程而已。校方所主辦的畢業典禮，當然更是毫無意義。

為了彌補他們在意識層面的這種片面想法，無意識將死亡與重生帶到他們的夢中，讓他們經歷死亡的體驗。於是，他們的旅行自始至終伴隨著死亡與重生的體驗，而提高到儀式的層次。也就是說，那是他們真正的「畢業典禮」。

現代的日本非常缺乏這種意義下的儀式，我認為這是一個必須認真思考的社會問題。對於這一點，因為我不是社會學專家，不敢妄下定論，但是以我透過臨床經驗所了解的個人案例來說，深切地感覺到這個問題有多重要。

有些年輕人不只反對空殼化的儀式，更否定所有的儀式。這些人自己截斷了疏散重生的能量所需要的通道，造成能量的大量囤積。當失去渠道的能量爆發的時候，會導致自己或他人的流血，儀式向下沉淪，成為「事件」。這向我們證明了一件事——二十世紀的年輕人體內，也留著原始人的血。為了克服這樣的悲劇，我們必須創造適合個人的儀式。在這一點上，心理分析師必須以各種角色參與個人儀式的創造——他必須是協助準備儀式的人、主持典禮的人、或是見證者。

關於情結的消除，我們用了對決、死亡體驗、儀式等等詞語來說明，但是請讀者們注意——我們不能因為這些說明，便只看到消除情結的過程中光明的一面。情結的內容

原本就是一灘爛泥。雖然說人只要願意付出努力，就可以從金礦中提煉出黃金，但剛挖出來的金礦也和泥土沒什麼兩樣。我們心理分析師的工作，始終泥濘不堪，總是搞得全身髒兮兮。我們面對的經常是「婆婆點了親子丼，媳婦竟然叫了一客漢堡」、「奠儀應該包兩千還是三千？」、「我明明請他吃了兩百元的套餐，他卻只回請一百五的麵」之類的問題。有很多人來到我們這裡，漲紅著臉、激動地述說這些雞毛蒜皮的小事，我們卻必須認真、熱心地傾聽。來的人不管是大學教授、家庭主婦都一樣，就算是宗教家或教育家的情況也差不多——只要是情結，就都是一灘爛泥。我們的工作就是耗費漫長的時間，透過耐心的對決與對話，慢慢從中提煉出閃閃發光的東西。

157　　第四章　情結的消除

第五章 夢與情結

1 情結的人格化

我們在上一章強調，情結是很複雜的東西，很難以單純的方式去理解或消除。由此可以理解，為什麼有許多情結會以人的名字來命名。

如果我們能簡單地用「對手足的敵對情感」這樣一句話來說明該隱情結，特意為它冠上「該隱」這個名字。「情感」這種東西從來就不單純，如果該隱情結的內容就只是敵對的情感，那它就不是「情結」了。該隱情結包含了該隱所特意為它冠上「該隱」這個名字。該隱情結包含了該隱所體驗到的一切──對亞伯的情感、對神的情感（在該隱的故事裡，神的行為真的不是那麼簡單易

在上一章的最後，我們為讀者們介紹了夢見死亡的大學生的例子。這個例子顯示，有時候我們做的夢，具有彌補自我片面性的意義。同時，就像我們在探討心的互補性時所說的，如果說情結與自我處於互補的關係，那麼就有許多夢可以看作是情結捎給自我的訊息。

如果從這樣的觀點來探索夢的現象，經常可以得到許多啟發。這一章，就讓我們來探討這一點。

情結：內心隱形的拉扯力量　　160

懂）等等。就像我們不可能徹底理解一個活生生的人，當然也不可能完全了解情結。以這一點來說，將情結人格化具有重大的意義。

透過將情結人格化，我們讓情結成為可以談話的對象。這是件很了不起的事。先前，我們引述的小說《化石》的主人翁，常常試著與「死亡」這位同伴對話。侵蝕十二指腸的癌症，即將為主人翁帶來死亡。當主人翁以癌症作為對象時，只能引起生理上的恐懼；可是一旦進行人格化，將它當作自己的同伴與談話的對象，它就開始為主人翁的生活帶來光輝。

夢的體驗，讓我們如實地經驗到情結的人格化。我們有許多情結化身為人格，出現在我們的夢中，現在讓我們來看看以下幾個例子。

這是一位剛過四十的男性的案例。他是個誠實、認真，又有能力的人，自從到某企業服務之後，努力工作、從不懈怠，成為社長的左右手，非常受到器重。對他來說公司的工作很有趣，社長又給他十足的信賴，讓他沉浸於工作之中，樂此不疲。然而從某個時候開始，這個人受到心因性憂鬱症的侵襲，過去很喜歡的工作，如今也變得毫無興趣。不知為什麼，身體就是覺得很沉重，於是他開始請假，並尋求醫療的幫助。經過一段時間的治療後，他恢復精神重回崗位，但不久憂鬱症又復發。如此來來回回反覆了三

年，他甚至考慮過自殺。最後他覺得，自己不斷請假，只能帶給公司麻煩而已，決定辭職。

就在這樣的狀態中，他做了以下的夢：

我一到公司上班，就看到一位以前的同事。這個人因為盜用公款，早就被公司開除了。我雖然覺得奇怪，還是嚴厲地告訴他：「你已經不是這裡的職員了，請離開。」沒想到社長聽到以後，跟我說：「不，那位職員很優秀，讓他留下來。」我驚訝得說不出話來。

對當事人來說，這個夢的內容完全超乎他意料，完全無法理解。特別是對職員一向非常嚴格的社長，竟然稱讚盜用公款的人，說對方很優秀、還要再次雇用，這是他無法想像的。其實，出現在夢裡的那位盜用公款的職員，正是當事人的情結人格化之後的意象。

順帶一提，當我請當事人告訴我，他對於這個夢的聯想時，知道了以下的事。首先是關於「盜用公款」，他從未幹過偷竊、盜用之類的事，對他來說，那是百分之百的壞

情結：內心隱形的拉扯力量　　162

事。社長也是一板一眼的人，想法也應該和自己一樣，因此他實在無法接受夢中社長的行為。

然而，我們是不是可以認為，這個夢傳遞了這樣的訊息——從社長那裡奪取一些東西，並不是壞事；相反地，社長也認同這樣的行為。當我指出這一點，他開始明白自己的想法。事實上，當事人想要離開社長，自己獨立經營公司。對他來說，社長確實是一位了不起的人，自己是真心尊敬對方，但仔細想想，自己就只是一向地執行社長的命令，從來沒有靠自己的力量完成過任何事。因此無論如何，他都想要獨立，試著開創自己的公司。

這使我聯想到古希臘英雄普羅米修斯。據說普羅米修斯為了人類，從天上盜取了火。因為希臘主神宙斯不願意把火賜給凡人，所以人類總是在夜晚的黑暗中恐懼顫抖，於是普羅米修斯帶著空心的草桿到天上引火，並將火種帶到人間。這個故事家喻戶曉，但其實另外還有一些普羅米修斯惡整宙斯的傳說，比方在某一次屠牛獻給宙斯的時候，普羅米修斯做了兩分供品。首先，他將營養豐富的肉與內臟用不起眼的牛皮包起來，另外再用油亮亮的肥肉裹在牛的白骨上，然後普羅米修斯要宙斯從中選擇一個。宙斯選了乍看好像很好吃的白骨，知道自己上當以後，非常地生氣。

第五章　夢與情結

在這些故事裡，普羅米修斯表現出非凡的狡猾。他無懼於神、破壞秩序、為人類帶來幸福，讓我們想起本書第四章第二節中所介紹的 Trickster。實際上，普羅米修斯是具有 Trickster 特質的神話學家克雷尼（Károly Kerényi, 1897-1973）就認為，普羅米修斯是具有 Trickster 特質的文化英雄。

讓我們回到先前的案例。為憂鬱症所苦的這位當事人，在年過四十的今天之前，一向以正直誠實的態度為社長工作，並因此感受到生命的價值、得到讚賞。如今他想要改變過去的生存方式，自己成為發布命令的領導人——這樣的想法，應該是在三年前就已浮現了。當事人雖然也淡淡地察覺自己的心意，但是一方面，他害怕獨立可能會帶來的危險，另一方面，反抗社長的想法也造成他的罪惡感，因此一直無法下決心實現自己的願望。我們在解釋精神官能症的時候也曾經說過，這是憂鬱症的典型狀態。

加斯東・巴舍拉（Gaston Bachelard, 1884-1962）在他饒富趣味的著作《火的精神分析》中寫道：「我提議，以『普羅米修斯情結』這個名稱，來總括一切驅使我們想要『知道』得跟我們的父親、我們的老師一樣多，甚至更多的傾向」。巴舍拉將重點放在「知道」，但如果我們稍微放寬「知道」的意義，那麼巴舍拉的這番話，也適用於我們所談的情況。

情結：內心隱形的拉扯力量　　164

為了自立，我們必須盜火。就像克雷尼所指出的，那是一種「無可避免的偷竊」（克雷尼《普羅米修斯》）。孩童在學習自立的過程中，有一段無可避免的「玩火的年紀」。孩子們瞞著父親冒險，試著和父母做同樣的事、知道同樣的祕密。人在幼兒期及青年期分別會經歷一次「玩火的年紀」，到了四十歲前後，還會再有一次。然而我們這則案例中的當事人，長期以來為社長的意志服務，進而成為他的得意助手——這代表他既沒有經歷青年期的玩火，也避開了「無可避免的偷竊」。而今，他卻在年過四十之後，不得不重拾二十歲時應該完成的「玩火」，同時與四十歲的另一個玩火期重疊在一起，「燒傷」的危險性非常大。

當事人說，夢中那位盜用公款的職員是大學剛畢業的年輕人，這也佐證了我們剛剛的論點——住在這四十歲男人心中的普羅米修斯停止了成長，一直保持在二十歲。

很多人沒有通過「玩火的儀式」就長大成人。這些人既不偷竊、也沒有玩火，謹守父執輩的教誨，有時甚至被視為「菁英」。而接近四十歲時，這些菁英心中的普羅米修斯開始蠢蠢欲動。他們一方面無法抗拒偷竊的衝動，另一方面又陷入了對父親毫無預兆地自殺，成為社會上廣為討論的問題，我覺得這背後，就存在著這樣的心理狀態。

165　第五章　夢與情結

話題有點偏離，但我覺得我們能非常清楚地看出，當事人的情結透過這個夢而人格化了。情結化身為大學剛畢業的年輕人，這一點也表示著：當事人若是想自立，有許多困難必須克服。之後的發展我們暫不詳述，總之，幸好這位社長是位很優秀的人。在他們倆持續且耐心對話後，當事人終於離開原先的公司而獨立，憂鬱的症狀也消失了。

情結的人格化，不一定只發生在夢的現象中。舉例來說，在第二章第四節中介紹的對人恐懼症的女性，她強力批判Ａ同學，但我們也可以看到，Ａ其實是當事人情結的人格化。當這位女性說出Ａ對化妝過於熱衷，是為了找男人才來上大學等等的批評時，她所描述的，其實是透過Ａ而人格化的、自己的情結。當我們聽到某個人說「我肚子裡的蟲子不喜歡他」、「那傢伙看了就討厭」的時候，不妨試著這樣想想──那個人所講的，說不定是經過人格化的，他自己的情結。

回到先前討論的那個夢。這位社長又是哪種情結的人格化呢？這個問題有點難度。夢中社長的行為模式，與現實中的社長並不相同。夢中的社長說盜用公款的職員很優秀，這在現實中難以想像；而現實中的社長非常嚴格，是個獨斷獨行的人，職員們全部都要遵照他的意志。

若說情結，現實中的社長，應該可以說是當事人「父親情結」的人格化吧！我們雖

情結：內心隱形的拉扯力量　　166

然沒有向他詢問與親生父親實際上的關係如何，但不難想像，恐怕他凡事都要聽命於父親。但是夢中的社長，反而是鼓勵當事人反抗。

這一點，又讓我們聯想到普羅米修斯神話中宙斯的角色。全知全能的天神宙斯，為什麼會被普羅米修斯欺騙？也有一種說法是，宙斯其實心知肚明，卻故意要上當（克雷尼《希臘眾神》）。宙斯明知道普羅米修斯會騙他（或者本來就打算被騙），真的被騙了卻還生氣，顯示出「自相矛盾」的性質。宙斯透過這種矛盾的角色，來開創人類的命運。他為人類的命運寫下劇本、擔任導演，還親自扮演其中的一角，也可能他是一面演戲、一面編劇。他所代表的，是一種帶有普遍性，可以稱為「父性」的存在。

這種具有普遍意義的象徵，超越了個人的經驗，榮格認為那不只是情結的表徵，而是存在於人類內心深處的東西，並試圖為它們做出區隔。關於這一點，我們將在下一章探討。

夢中社長所扮演的角色，讓人覺得接近先前所說的宙斯。夢中的社長的確與父親的形象有關，但是就他鼓勵「盜用公款」、鼓勵職員「反抗」自己這一點來說，擁有巨大的智慧。

167　第五章　夢與情結

在討論情結人格化的這個主題上,或許我們推論得太遠了,但是情結會以人格化的方式出現在夢中,這一點讀者們應該已經可以了解。接下來讓我們從一般性的角度,再多思考一下夢的意義。

2 夢的意義

我們在上一節指出,情結會以人格化的方式出現在我們的夢中。但是,夢所具有的一般性意義,遠比這一點更為豐富廣大。限於篇幅,我們無法在這裡對夢進行全面性的探討,但是讓我們把範圍限定在與情結問題,以及前述論點有關的現象,透過舉例的方式,來闡明夢的意義。

首先讓我們來看看一個夢,做這個夢的人,是一個為同性戀傾向煩惱的高中男生:

我在自己的房間裡。但我的房間空空蕩蕩的,就連家具之類的都沒有,只有我一個人。我的朋友(愛慕的對象)和他的室友就住在隔壁的房間。他們的房間整整齊齊地擺滿了家具。

情結:內心隱形的拉扯力量　　168

在這個夢裡，自己房間的寒酸貧乏，與隔壁房間擺滿家具的富足，形成明顯的對比。自己的房間代表當事人的自我，隔壁的房間則象徵了當事人的情結。雖然我們也可以將這樣的對比，看作是情結貯存了比自我更多的能量，但我還是詢問當事人對「家具」有什麼聯想。當事人回答，他聯想到溫暖、富足，以及家庭的氣氛。接著他還說，之前拜訪這位朋友家時，覺得他們家不但經濟富裕，家人之間的關係也很好，真的是一個「溫暖的家」；相較之下，自己的家人關係慘澹、冷漠，就算待在家裡，也沒有家的感覺。

就在這麼說的時候，當事人察覺，自己之所以選擇這位朋友作為愛慕對象，是出自於某種渴望：要是自己也在那種溫暖的家庭中長大就好了、自己也想要擁有那樣的環境……

先前這位當事人一直無法明確地說明，自己為什麼會愛上這位同性的友人，但是對於這個問題，夢揭示了一個答案。對於自我無法清楚理解的事物，夢提供了解釋，這是常有的事。

我們的行為，受到情結的各種影響。關於這點，我們舉出了許多例子，也做了說明。但是很多時候，自我會無法掌握情結的實際狀態，不知如何是好。以上述的例子來

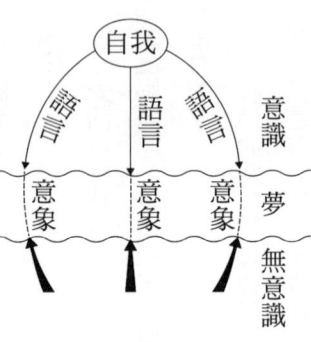

```
        意
自我   識
        夢
語 語 語  無
言 言 言  意
         識
意 意 意
象 象 象
```

圖4　夢

說，這位少年因為同性戀的傾向而煩惱，然而自我的力量在睡眠中減弱，情結變得活躍，因此自我可以透過夢來察覺它的活動。在這層意義下，夢常常能告訴我們那些自我無法察覺的心的動態；也就是說，我們可以經由夢，來了解情結的狀態。

這裡的問題是，夢必須透過意象（image）來掌握，而不是透過語言。以上述的例子來說，「有沒有家具」這個意象，具有重大的意義。這一點顯示──就像我們在第一章曾經說過的──自我以語言化的方式，整理並統合其本身的內容；相對地，尚未能完全整合進入自我的內容，則以意象的方式掌握。換言之，我們可以說「意象」是無意識對自我說話時所使用的語言。因此，為了明確理解意象的意義，自我必須將它化為語言，以納入自身之中。所謂「夢的解析」，做的就是這樣的工作。以上述的例子來說，那位高中生從關於家具的聯想，將自己愛慕同性友人的原因語言化，並得到明確的了解，這就是「夢的解析」。

透過以上的說明，我想讀者們已經都能理解夢的重要性；但另一方面，這也顯示出

情結：內心隱形的拉扯力量　　170

夢的意義多麼不明確。所謂「意義明確」，就是指自我已經完全掌握，以此來看，夢這種東西始終包含著自我無法確切語言化的內容，會有很多地方難以理解也是理所當然的。事實上，如果只是聽某個人敘述他的某一個夢，我們幾乎什麼也無法理解。只有知道那個人的意識狀態，並詢問他對夢的內容有何聯想，兩個人一起搜索枯腸，才有可能抓到它的意義。甚至可能經過千辛萬苦仍然一頭霧水。對自我來說，情結是一個不可解的對象，我們透過夢的意象所看到的，只是它的一鱗半爪，只有經由耐心而持續的夢的解析，才能逐漸看清它的樣貌。與情結的消除相反，這是極為困難，而且需要長久忍耐的工作。

接下來，我們再來看看另一個例子，這是一位年輕女性所做的夢：

我在已婚的姊姊家。她的家在地下室，總覺得不太乾淨，但是家人之間的氣氛非常溫暖。我心裡想：「這才是理想的家庭！」後來，我沿著階梯爬上地面，離開了那個家。

一如慣例，我問當事人對於這個夢的聯想。那位姊姊是所謂的「理想女性」，成長

171　第五章　夢與情結

的過程一直符合世人對女性的期待,也因此獲得良緣,過著非常幸福的家庭生活。不需要再重提該隱與亞伯的故事我們也可以知道,我們的手足經常扮演「另一個我」的角色。不論我們是肯定或否定,手足的生活態度對我們有很大的影響。對做這個夢的當事人而言,以「女人的幸福」這個角度來看,她的姊姊就是一種理想的形象,但是當自己成長到適婚年齡,心中卻開始產生懷疑——如果以「獨立生活的個人」這觀點來看,姊姊的生活態度未免太過捨棄自我。

在這個夢裡,當事人一方面覺得姊姊的家庭是理想的家庭,一方面卻毅然離去、爬出地面,這一點令人印象深刻。停止與姊姊同一化、忠於自己的想法向前邁進的決心,以及這個行動所帶來的孤獨感,這些都同時清楚地表現在夢中。再怎麼幸福,姊姊就是姊姊;自己必須走自己的路,不可以安逸地待在地下的世界——我認為這個夢的意象清楚地描繪出這一點。像這種時候的夢,重點並不在情結本身,而在與情結相關的、自我的狀態。

再來看看另一個例子,這是一位年過三十的單身男性所做的夢。這位男性有許多女朋友,經濟上也很寬裕,為了更享受單身生活,也為了私生活的便利,想要買一部最新型的轎車。這是他買車前一天所做的夢:

情結:內心隱形的拉扯力量　172

我要買一部汽車。車子非常老舊，甚至還生鏽。我雖然驚訝，還是坐上了車。沒想到一轉動鑰匙，鑰匙就掉了下來，連輪子都脫落了。我大吃一驚醒過來。

做這個夢的時候，當事人的震驚非比尋常，甚至決定不買車了。這個夢把當事人關於買新車的「美夢」完全打碎了。這個人的自我，十分享受到目前為止的單身生活。買一部新車，應該會為這樣的生活加上輪子，讓他更自由隨性地馳騁吧。但是他的夢卻告訴他完全相反的事情。這個人實際生活的狀況在這裡我們就略不談，總之，這個夢將他一棒打醒，讓他痛切地領悟到自己的生活是何等虛假、何等脆弱。

這位當事人用強硬的方式壓抑自卑情結，誇耀自己的權威，試圖藉由購買新車來吸引他的女朋友們。他只意識到事情的光明面。雖然自我因此沾沾自喜，但自卑情結並沒有漏看了事情的背面——當事人只能藉由硬著頭皮買下新車這件自卑情結也很清楚，這件「武器」本質上一點都不強大，和破舊的老車並沒有什麼差別。自我陶醉在新車即將到手的喜悅之中，但事情背後的真相毫不容情地呈現到他的面前。

第五章　夢與情結

在這個情形下,說不定之前已經有人對他指出這些事、給他忠告了,但當事人應該沒有聽進去吧!而夢以強烈的意象,讓他親自「體驗」這個事實。夢的意象力量強大之處,就在於此。自我透過語言化與概念化,將事物據為己有,但正如上一章所說的,這樣做只是經由概念化限制自己的「體驗」而已。於是我們一想就能知道,意象的重大意義,就在於打破概念化限制自己的防衛,讓自我得以經歷直接的體驗。所謂意象的直接性,就是這個意思。

當自我極端地限制自己的體驗而變得過度片面化的時候,被忽略的體驗就會形成情結,並且經由夢的表徵,要求自我再次體驗。榮格強調夢的補償作用,就是這個意思。也就是說,當自我變得太片面,夢就會發揮補償的作用。在上述的案例中,當事人只感受到買新車的喜悅,而這時候他做了這樣的夢,正是對其片面化的一種補償。首先,自我可以對這個夢就算做了這樣的夢,自我還是可以採取各種不同的態度。首先,自我可以對這個夢一笑置之;或者隔天買車的時候,他可以慎重地檢查,確定車子沒有異常,然後告訴自己「夢裡的事都是與現實相反的」;他還可能因為這個夢而感到不安,所以向另一家汽車經銷商購買。也就是說,自我各種不同的反應,顯示出它以什麼方式將夢的體驗整合到自己的內容之中。

情結:內心隱形的拉扯力量　　174

對於夢的解釋，不只一種可能。榮格經常提到夢的多義性。因此，比起哪個解釋才是「正確答案」，或許更應該把問題的焦點，放在哪種解釋能夠幫助當事人改變自我、實現自性。以上述的例子來說，如果我們的解釋能讓當事人清楚地看到，潛藏在購買新車這件事背後的自卑情結，促使他面對這令人難堪的真相，並改變自己的生活態度，那麼這個解釋就具有重大的意義。

在這層意義下，夢的解析背負著一件艱鉅的任務，就是「與情結對決」。那不僅僅是一件知性的工作——破舊的老車所帶來的震驚體驗，伴隨著強烈的情感，當事人必須具有強大的自我，才足以直視、面對這樣的體驗，夢的解析才能夠持續進行。在上一章中我們探討過情結的消除，這兩者的其中過程完全相同。

就像本章一開始所說的，夢的現象具有更廣闊的意義，但是在這裡我們只從它與情結的關係來探討。就這一點來說，還有一個重大的問題，那就是男性與女性。在下一節中，我們將簡單地闡述這個問題。

175　第五章　夢與情結

3 男性形象與女性形象

從古至今，人們撰寫了無數的書籍探討男性與女性的問題，今後人們也將繼續寫下去吧！對人類來說，或許沒有其他的問題更加發人深省了，但是礙於篇幅，對於這深不可測的大問題，我們也只能從它與情結的關聯，簡單描述。

在身體、生理方面，男性與女性的區別是很明顯的。以此為背景，男性與女性在性意識方面也存在著差異。男性意識到自己是男性，努力獲取被一般人視為「男性特質」的屬性，並且相信自己就是如此。女性的情況也完全一樣。而且，這兩者的屬性很難並存，同時也因為社會的要求，人們依照男女的性別差異，形成具有「男子氣慨」或「女人味」性格的自我，但是隨著最近的文化人類學研究（比方瑪格麗特·米德[1]的《兩性之間：變遷世界中的性研究》等等），現在的我們明白，這種所謂的「男子氣慨」或「女人味」，並非是來自男女性別差異的絕對特質，而是由文化塑造而形成的不同。好比說，我們可以在某些未開化社會的文化中，看到女人在外面活動，男人則負責照顧家庭與小孩。

人在剛生下來、還沒有受到文化或社會的影響之前，究竟有多少與生俱來的性別差

情結：內心隱形的拉扯力量　　176

異？這件事並沒有明確的定論。我們只是推測，因為身體機能的不同，必定會產生某些差異，如此而已。既然一般所謂的男性化、女性化的屬性，是在社會與文化的影響下，被相當片面地塑造出來的，我們就可以想像，當某個人形成社會認可的男性化自我時，其女性化的一面將形成一個情結，而女性也同樣地具有男性情結。換句話說，所有的男性都具有潛在的女性的一面，而所有的女性也同樣地，都在無意識內具有男性一面的可能性。只不過普遍認為，要開發到如此深層是不可能的。

男女分別扮演不同的角色，彼此分工合作，並不是一件壞事，但是當這樣的角色分配伴隨著孰優孰劣的價值觀，那就是個問題。在現代的文明社會裡，一般具有重視男性角色的強烈傾向，因此女性在對抗男性的時候，經常不是主張女性角色的重要性，反而是試圖證明女性也可以發揮男性的功能——女性急著要一口氣將潛在的男性特質全部表現出來，因此產生了自我與情結同一化的現象。

有些人將女性的男性化力量與獨立心的情結，稱為「黛安娜情結」（Diana

---

1 編註：瑪格麗特・米德（Margaret Mead, 1901-1978），美國人類學家，是人類學這一學科在美國成形過程中的重要人物。

第五章 夢與情結

complex）。黛安娜是希臘女神阿提密斯（Artemis）的羅馬名。阿提密斯擅長狩獵，是威嚴而美麗的處女神。獵人阿克泰翁（Actaeon）不小心撞見沐浴中的阿提密斯，因此遭到這位心高氣傲的女神詛咒而變成一隻公鹿，最後被自己所飼養的獵犬們活活咬死。這是個非常有名的故事，充分表現出處女神阿提密斯勢不可擋的憤怒。與黛安娜情結同一化的女性，即使沒有如此驚人的怒氣，也經常不近男性而保持獨身；就算結婚，也經常將配偶「非男性化」。

因為先前所說的現代的女性的傾向（譯案：重視男性角色），絕大部分女性都或多或少具有黛安娜情結。與這樣的女性交往，男性必須有被黛安娜拿手的長箭射傷的心理準備。嚴重一點的話，說不定會重蹈阿克泰翁的覆轍，被自己養的狗咬死。但正是因為甘冒這樣的危險，男女兩性的自我才能同時成長擴大，探索男女結合與共同生活的新方式。

而那些完全壓抑住黛安娜情結的女性，經常因為太過缺少自立性而遭到同性鄙夷，卻也因此受到一般男性喜愛。許多這種類型的女性具有美麗的外貌，再加上缺乏個性，非常容易成為男性們各種心理投射的對象。眾多的男性會圍繞在這樣的女性身邊，也是理所當然的事。

女性的內心潛藏著男性的特質，這個問題今後可能會日益受到重視吧！隨著家庭內

情結：內心隱形的拉扯力量　178

所需的勞動力急遽減少，家庭主婦有了許多剩餘的能量，再加上以男性角色為優先的思考傾向，絕大部分的女性都被迫與自己內部的男性特質對決。女性的「自性的實現」，是我們這個時代所面臨的艱難課題之一。

榮格長期思考這個課題。他觀察到許多女性心中的男性特質，會人格化成為某種男性形象，出現在女性的夢中。經過研究之後他發現，這些現象已經超越了可稱為「情結」的範圍——它們不只是某個個人的體驗，而是具有普遍的性質。

無獨有偶，男性心中的女性特質也是一樣。居住在男性心中的女性形象，同樣具有過於普遍的意義，無法稱之為情結。接下來我們要看的例子，是榮格在自傳《回憶・夢・省思》中所敘述的他自己的夢。那是他與佛洛伊德訣別、為了尋找自己的道路而苦惱時，於一九一二年聖誕節前後所做的夢：

我在一個義大利式的走廊裡。柱子、地板、欄杆，都是大理石做的。我坐在文藝復興風格的金色椅子上，面對著一張美得無與倫比的桌子。那是由像綠寶石一樣的綠色石頭雕成的。我就坐在那兒，眺望著遠方。那條走廊建造在城堡的高塔上方。孩子們也圍繞在桌子四周坐著。

突然,有一隻白色的小鳥飛舞著落下。看起來像是小型的海鷗,或是鴿子。牠很端莊地停在桌子上。我怕孩子們嚇跑這可愛的白色小鳥,做了個手勢要他們保持安靜。才一下子,鴿子變成了一個小女孩,一個金色頭髮、八歲左右的少女。她和孩子們打成一片,一起在城堡的柱廊間玩耍。

我雖然覺得這個經驗很有趣,卻還是不由自主地沉入自己的思考中。少女回到我身邊,手臂溫柔地環繞住我的頸子。然後她又突然消失了身影,變回鴿子的模樣,卻用人類的聲音緩緩地說:「只有夜晚一開始的時候,我才能以人類的樣子現身。但是雄鴿和十二個死者,正忙著工作。」說完她向藍天飛去,而我則醒了過來。

當時的榮格無法理解這個奇妙的夢,但是它帶給榮格很深的感動。鴿子變身而成的小女孩溫柔地抱住榮格,彷彿是要撫慰他與佛洛伊德訣別的傷心。最後,她留下謎樣的話語,消失在藍色的天空中。童話中經常出現這樣的女性形象,鴿子、天鵝、鹿等等動物變身為女性,給予男性慰藉或忠告。對這位男性來說,這個女性形象是他的救贖,是指引他人生方向的人。我們可以這麼想——這個女性形象,與其說是這名男性的個人經

情結:內心隱形的拉扯力量　180

驗中遭到壓抑的心理內容，不如說是代表了一種更深遠、更普遍的存在。

這種女性形象的典型之一，就是全世界的民間傳說都可以看得到的「天鵝少女」（Swan Maiden）。我們可以說，歌德所想像的「永恆的女性」，就是這種女性形象的升級版。

榮格從上述的思考更往前推進一步，認為人類的無意識存在著兩種層次：「個人無意識」與「集體無意識」。個人無意識以伴隨著個人體驗而遭到壓抑的心的內容為主；集體無意識則普遍存在於所有人類。他認為我們可以在後者之中找到人類共通的基本類型，並稱之為「原型」（archetypes）。關於這一點，我們將在下一章更進一步說明。

就以目前我們所討論的情況來說，榮格假定男性心中存在著女性形象的原型，並將它命名為「阿尼瑪」（Anima）。

女性的情況也是一樣，榮格將存在於女性心中的男性形象的原型，命名為「阿尼姆斯」（Animus）。作為原型的阿尼瑪、阿尼姆斯，也可以說是存在於情結背後、決定情結活動方式的暗流。舉例來說，如果有一位女性的彌賽亞情結，背後添加了阿尼姆斯的力量，那麼她在推動慈善事業的時候，行動力將超越許多男性吧！而如果做得太過火──這樣的情形很常見──說不定就會在原本愉快的聚會上，滔滔不絕地發表關於慈

181　第五章　夢與情結

善本質的演說，讓在場的「男人汗顏」。雖然她說的內容完全正確，卻完全沒有考慮到當時的場面與氣氛。這種人有一個強烈的傾向，那就是只管自說自話（就算道理上是對的），而不在乎自己講的話，對當下的個別情況來說是否恰當。

在男性身上也會發生同樣的事。舉例來說，如果某位男性的該隱情結加上了阿尼瑪的力量，或許就會偏執地不斷在背後說同事的壞話，而被貼上「臭三八」的標籤。

當然，阿尼瑪與阿尼姆斯的影響並非總是負面的，它們也能發揮很大的正面意義。甚至可以說，它們就像一股為我們的人生吹進生命力的風（拉丁文的 anima 與希臘文的 anemos 來自同樣的字首「ane-」，而 anemos 是「風」的意思）。沒有異性存在的世界將會多麼無趣，我們只要想像一下就能明白。

接下來的這個例子，顯示出阿尼姆斯的正面作用。這是榮格的弟子馮・法蘭茲（Marie-Louise von Franz, 1915-1998）記錄在〈個體化歷程〉中的，一位四十五歲婦人所做的夢：

兩個蒙面的人爬上陽台，侵入了我們家。他們穿著黑色連帽外套，隱藏自己的樣貌，看起來打算凌虐我和妹妹。妹妹躲在床底下，但他們用掃帚把她趕出來，侵

情結：內心隱形的拉扯力量　　182

犯了她。接下來輪到我了。兩人中帶頭的那一個把我壓在牆上，在我面前做出妖術般的姿態。這時候，總是聽他命令的那一個，在旁邊的牆壁上畫畫。我看了以後（想要跟他拉近距離）說：「哇！畫得真好！」聽到我說的話，原本虐待我的人突然變成高貴藝術家的臉，充滿自傲地說：「沒錯，就是這樣！」開始把牆上的畫擦掉。

做這個夢的婦人患有焦慮症，經常受到強烈的焦慮侵擾。出現在這個夢裡的兩個男性形象——也就是她的阿尼姆斯形象——最初帶給她的痛苦，應該就是呼應到於她的焦慮發作吧。出現在夢中的妹妹有相當高的繪畫才能，但是還來不及發揮，很年輕就過世了；這位婦人雖然也有繪畫的天份，卻因為懷疑自己往這方面發展究竟有沒有意義，結果沒做出任何行動，但是當她在夢裡讚許男性的繪畫才能時，原本虐待她的這兩個人突然變身為高貴的藝術家，這件事提示她應該要發揮自己潛在的才能。我們甚至也可以這樣想：她的焦慮發作事實上是對她的一種警告——不應該再拒絕發展自己的才能，不應該自甘當一名普通的女性。

榮格認為，造成精神官能症的原因，有時候甚至可以說是因為患者「擁有超越平均

183　第五章　夢與情結

以上的某種特質」（《心理治療的基本問題》）。這位婦人的例子，正符合他所說的情況——只要接受自己的阿尼姆斯，從事創作活動，她才能夠克服自己的精神官能症。這時，她的阿尼姆斯將豐富她的人生，而且從此具有重大的意義。

只要談論到男性與女性的問題，就無法不提及榮格所主張的「阿尼瑪」與「阿尼姆斯」的原型。關於原型的問題，我們將在下一章繼續探討；在本章中，雖然著墨有限，但我們仍嘗試就原型與情結的關聯略做說明。

4 夢中的「我」

截至目前，我們談論了情結在夢中的人格化；在上一節中，我們也看到了阿尼瑪與阿尼姆斯，如何在夢中具象化成為異性的形象，但是在這裡產生了一個問題——夢中的「我」，到底是什麼？夢中的「我」，象徵了什麼？

我們在第二章中，看到了雙重人格與分身這兩種「另一個我」的特異現象。事實上，我們不是都在夢中體驗過這種情況嗎？我們在夢裡偷東西、做各種壞事，有時候甚至會殺人。不得不說，這些行為與清醒時的「我」相比，完全是另一種人格的表現。我

們還經常在夢裡看到「我」的樣貌——從懸崖墜落的「我」、抵死奮戰的「我」⋯⋯仔細想想，這難道不就是「自見幻覺」（autoscopy）嗎？

因此，我們思考雙重人格與分身現象的意義時所採取的觀點，也可以用來理解夢中的「我」的意義。夢中的「我」並不是現存的自我本身，而是作為可能性的自我——或許應該稱為潛在自我——的形象。人類的特長之一，在於有能力把自己當作對象來觀察。自我可以把自我當作判斷的對象，比方認為自己不夠善良，或是自己在智能方面很優秀等等。自我能夠透過與未來的關連——將來可能會發生的事、將來可能會遭遇的危險等等——將自己對象化。但是，當作為對象的自己出現在夢裡的時候，就不只是思考的對象了，而是成為行動與體驗的主體，這一點是夢中的「我」的特徵。而且就如同本章第二節所說的，我們必須透過「意象」來了解它。夢中的「我」既是主體，也是客體。恐怕再也找不到其他如此栩栩如生的自我形象了吧！

以上一節所引述的夢來說，那位罹患焦慮症的婦人，能事先經歷未來可能發生的體驗。以上一節所引述的夢來說，那位罹患焦慮症的婦人，並不是去思考自己潛在的繪畫能力，而是直接經驗了承認這份能力，以及承認之後所帶來的奇妙效果。然而，那終究只是世界的一種可能而已。如果要讓這個可能性真實發生，這位婦人非得實際上拿起畫筆來畫畫看不可。

第五章　夢與情結

夢中的「我」，有時候也會是過去的我。那很可能是遭到自我遺忘的、我的某一個面向。清醒時的自我對情結採取防衛的態度，能保持某種程度的自主性，但是在夢中，我們以更逼真的方式體驗自己與情結的關係。夢中的「我」是自我的某個面向，而這個面向與情結之間，有著強烈的關聯性。先前我們說，自我透過與情結的對決來得到進展，由此我們也可以理解，夢中的「我」顯示了自我發展的可能性。

順帶一提，夢中也會發生「分身」的現象。剛剛我們說，在夢中看見自己的模樣，是某種性質的「自見幻覺」；但我所說的夢中的分身現象，是更為明確的經驗——我們在夢裡看到自己遇見自己，或是清楚地看到有兩個自己。

接下來就讓我們來看看這樣的例子。這是一位女大學生所做的夢：

母親在整理櫃子上的東西。我就在她的身旁。（那是在自己的家，但樣子和現實中的家不同。）母親突然倒下來死去。我緊緊抓著她哭泣，但奇怪的是，隔壁的房間裡，還有另一個我正拿著掃把在掃地。

這位女性與母親相處得不好，來找我諮商就是為了改善母女關係。母親經常挑剔、

情結：內心隱形的拉扯力量　　186

斥責女兒的缺點，結論卻總是「有這麼多缺點，一定找不到人願意娶妳，妳就一生單身留在家裡好了」。事實上，她們爭吵不休的母女關係背後，卻是兩人無意識的緊密結合。她們母女是一體的，因為母親相信無論如何攻擊女兒，她也不會離開自己。以此為前提，這位母親才會不斷地叱罵、責備女兒，但其實兩人都隱約感覺到，她們已經到了非分開不可的時候了。雖然爭吵越來越激烈，但仗著這樣的一體感，兩人都沒有付出努力，嘗試改變現狀。

我經常在前來尋求諮商的人身上，看見這樣的親子關係。頻繁的爭吵，不見得表示雙方正逐漸分離。以無意識的緊密結合為基礎的爭吵，既不會帶來破壞、也不會帶來建設，只不過是不斷反覆經歷同樣的狀況而已。這並不是真正的對決。

透過與治療者的談話與夢的解析，患者逐漸開始了解以上的事實。就在這個時間點，她做了上述的夢。做子女的人在試著脫離對父母的依賴而自立的時候，經常會夢見父母的死亡，這象徵了父母的形象在子女心中的急遽變化。這樣的夢讓子女強烈地體驗到離別的悲傷。無法承受這悲傷與孤獨的人，是不可能離開父母而真正獨立的。

在這個夢裡，雖然「我」因為母親突然的死亡而哀傷；但「另一個我」卻好像有什麼事情終於告一段落似地，平靜地掃地。這兩者都很重要。如果有任何一方的傾向太

187　第五章　夢與情結

強，情況就會變得很困難——如果前者的心情太過強烈，這位女兒大概就無法離開母親獨立了；若是過於傾向後者，當事人將欠缺人類的情感，不只是與父母，也會與其他的人疏離，變得孤立。透過夢中的分身體驗，這個人可以說同時經驗到這兩種難以並存的傾向。

最後，這位女性和母親大吵了意義深遠的一架，向自立的方向邁進。以上述的意義來說，這是個非常重要的夢。在這個夢裡，緊緊抓住母親而哭泣的「我」，與清醒時的自我相近；而冷漠的另一個「我」，則表示補償自我的傾向。

如同我們在第二章所說，榮格提出了「自性」的概念。他認為，為了補償自我的片面性而送來「另一個我」的主體，就是這「自性」。我們可以說，「自性」是一種原型，存在於內心深處，是自我存在的基礎。有時候，這個作為原型的自性，會以某種意象出現在我們的夢中，顯露出它某部分的性質。榮格在他的自傳中提到一個夢，可以作為這種自性意象的例子：

我在野地裡散步，走在看得見山丘的小路上。陽光燦爛，廣闊的風景向四面八方延展。終於，我走到小路盡頭的一座小小的教堂。教堂的門微開，我走了進去。

情結：內心隱形的拉扯力量　　188

嚇我一跳的是，祭壇上既沒有聖母瑪利亞的像，也沒有十字架，只有一盆美麗的插花。但是祭壇前的這盆插花上，面向著我盤腿坐著一位瑜伽行者，正處於深沉的冥想狀態。更仔細地看他的臉，發現那就是我的臉孔。我感到深刻的恐懼。醒過來的時候我這樣想：「啊！他就是冥想著我的人。他在做夢，而我就是那個夢。」於是我知道，如果他醒來了，我將不復存在。

這也是「另一個我」的夢，而且具有非常深遠的意義。自己的存在，是一位瑜伽行者冥想內容的一部分；當這位瑜伽行者停止冥想，自己的存在也將消失——毫無疑問地，這樣的體驗在榮格的心中，激起了無以名狀的感動。榮格自己也說了，這是個關於自我與自性的夢。意識到自己「只不過是一位瑜伽行者的冥想內容」這件事，讓他強烈地感覺到自我的渺小；同時他又確信，那麼偉大的人物，就存在於自己內部——這兩點，或許就是所有宗教情感的基礎吧！取代基督與瑪利亞，在西洋式的禮拜堂裡冥想的東洋行者，作為榮格的自性形象非常合適。

那是很久以前的事了。有一位來尋求諮商的人告訴我，人生中應該有的經驗，他幾乎都經歷過了，繼續活下去也沒什麼意思，想要自殺。我不在這裡說太多細節，不過聽

189　第五章　夢與情結

了這個人的敘述,他的確經歷了各式各樣的事情,令人印象深刻。「再活下去也不知道能做什麼」的倦怠感、虛無感也非常強烈。他說:「人生的百分之九十八,我都已經活過了。就算現在自殺,剩下的百分之二也不覺得可惜。」我回答他,應不應該阻止一個想得如此透徹、堅決尋死的人,我不知道。還有百分之九十八是你不知道的。」我又加上一句,「你的人生只活過了百分之二。」我確定知道的是:「你的人生只活過了百分之九十八也不足為惜,那就請你自殺吧!對於累積了許多經驗而感到驕傲的他來說,「你只活過了百分之二的人生」這句話,似乎造成了很大的衝擊。不知道是不是這些話的影響,總之後來這個人重新下定決心,面對今後的人生。

如果以自我為主體,我們或許可以揣測自己活過了百分之多少的人生。但是如果榮格夢中的瑜伽行者為主體,我們怎麼知道自己經歷過的人生,到底佔了這位行者冥想中的多大部分呢?其實,甚至連有沒有達到百分之二也無法斷言。我確信存在於我們心中的「另一個我」是無限遼闊的;只是因為順著這個人所說的話才將它顛倒過來,暫且說是百分之二。也就是說,我們活過的人生比例,接近無限小。

「自性」與阿尼瑪、阿尼姆斯一樣,都是榮格構思的原型之一。關於「原型」這個概念,我們將在最後一章稍做說明。

情結:內心隱形的拉扯力量　　190

第六章 情結與原型

如前章所述，榮格在長期思考、研究情結之後，開始提倡原型的概念。我們將在本章，說明榮格所主張的「原型」。首先，我們會解釋何謂伊底帕斯情結──這是早期的佛洛伊德認為最為根本的要素。接著，透過與該情結的比較，再進一步闡明榮格的想法。

1 伊底帕斯情結

伊底帕斯情結的名稱，來自希臘神話的故事。索福克里斯[1]以這個神話為基礎，寫下《伊底帕斯王》這部悲劇，不過民間流傳的神話與索夫克里斯的創作，故事的綱要幾乎一模一樣。

伊底帕斯是底比斯的國王萊瑤斯與王后柔卡斯塔的兒子。然而因為神諭表示，這孩子長大後將會奪走父親的性命，所以萊瑤斯與王后柔卡斯塔決定殺死他，但王后柔卡斯塔不忍心痛下殺手，命令家臣把嬰兒帶到國境丟棄。之後，嬰兒被鄰國的人救起，當作國王的孩子撫育成人。

萊瑤斯曾經用黃金做的針刺穿嬰兒的腳，傷口一直沒有真正癒合，因此人們給這孩

子取了「伊底帕斯」（希臘文的意思是「浮腫的腳」）的綽號。伊底帕斯長大後從友人那裡聽到謠言，自己不是哥林多國王真正的兒子。為了查明確切的答案，他前往德爾斐神殿請示神諭。太陽神阿波羅告訴他，回到故鄉的時候，他將會殺死自己的父親，並且與母親結婚，於是伊底帕斯決定離開哥林多，開始流浪，因為這時候的他，仍然相信自己是哥林多國王的兒子。旅途中，他在一條小路上與一位老人發生衝突，將老人連同座車一起推下山谷。當時的他並不知道，那老人就是他生父萊瑤斯。

伊底帕斯不知道自己已經犯下弒父之罪，朝著底比斯城繼續他的旅行。這時候底比斯城的郊外出現了一隻名為史芬克斯的怪獸，將人們都困在城裡。牠有著一張女人的臉，以及獅子的軀幹、腳和尾巴，還長著一對翅膀。史芬克斯抓住每一個路過的人，要他回答一個謎語，凡是答不出來的人，就會被殺死吞食。這個謎語是：「什麼動物早晨用四隻腳、中午用兩隻腳、晚上用三隻腳走路？」而這時的底比斯，因為國王不知道被什麼人殺死了，所以發布了一條命令——誰能解開史芬克斯的謎題，就可以獲得王位。

---

[1] 編註：索福克里斯（Sophocles, 497/496-406/405 BCE），古希臘劇作家，古希臘悲劇的代表人物之一，和艾斯奇勒斯、尤里比底斯並稱古希臘三大悲劇詩人。

第六章 情結與原型

伊底帕斯接受了挑戰。他告訴史芬克斯，答案是「人」。因為人在嬰兒時期用四隻腳爬行，接下來學會用兩隻腳走路，年老了以後拄著拐杖，變成三隻腳。謎題被解開後，史芬克斯跳到山谷裡摔死，伊底帕斯登基成為底比斯的國王，並娶了柔卡斯塔為妻。也就是說，他在完全不知情的狀況下，上演了一齣神諭所預言的悲劇。

伊底帕斯就任國王以後，底比斯的饑荒與瘟疫不斷，於是他派人前往德爾斐神殿請示神諭。神諭指示，底比斯之所以災禍連連，是因為殺死先王的人玷污了這個國家，他們必須找出兇手，將他驅逐出境。伊底帕斯找出萊瑤斯王遇難時身邊的侍從，還詢問了哥林多國王的使者，將各種線索拼湊起來，終於知道了全部的真相。這時候柔卡斯塔上吊自殺，伊底帕斯詛咒自己的命運，親手刺瞎雙眼，放逐自我四處流浪。

這是多麼可怕的悲劇啊！但是，佛洛伊德主張，在我們每一個人的無意識裡，都存在著如此可怕的內容。他根據大量的精神官能症案例做出判斷，認為每一個男性的無意識之中，都將自己的母親視為愛慕的對象，也因此產生與父親敵對的衝動，並且會壓抑這種衝動，因而形成了情結。佛洛伊德借用上述希臘神話的主人翁的名字，為這種情結取名為「伊底帕斯情結」。他認為，伊底帕斯情結是所有情結當中，最根本的一種；其他所有的情結，都是由此衍生而出。

情結：內心隱形的拉扯力量　　194

在與佛洛伊德合作研究的時期，榮格曾經指出女性也具有相對應的情結。佛洛伊德接受了這個意見，並且將女性的情結命名為「厄勒克特拉情結」（Electra Complex）。女性在幼兒時期會依附、依戀母親，但是到了五、六歲的時候，厄勒克特拉情結也會開始以異性的父親作為愛戀的對象，並且敵視母親、將母親視為競爭對手。厄勒克特拉情結也是以希臘神話的人物命名的，以下就讓我們簡單介紹這個希臘神話。

阿伽門農以將軍的身分參加特洛伊戰爭。他不在家的時候，妻子克呂泰涅斯特拉與情夫埃癸斯托斯私通。凱旋歸來的阿伽門農中了兩人的奸計，在浴槽中慘遭殺害。埃癸斯托斯害怕遭到報復，於是將阿伽門農的女兒厄勒克特拉寄養在一位貧農家，並打算殺死厄勒克特拉的弟弟俄瑞斯忒斯。厄勒克特拉救出弟弟後，將他托給姨父保護，並且多次差遣使者告訴他，父親的仇非報不可。終於，姊弟倆同心合力，將殺父仇人埃癸斯托斯忒斯動手的時候，母親克呂泰涅斯特拉露出姊弟倆曾經吸吮過的乳房，乞求他們原諒。

這也是個不亞於伊底帕斯的悲劇。但如果看了這些故事就認為希臘人很殘忍，那就太愚昧了。如果把這些故事當作是我們內心的戲劇來看，再回想一下前一章談到死亡體

195　第六章　情結與原型

驗時所說的事情就能明白——事實上，這些故事在我們的身邊經常發生，只是希臘悲劇放大了衝突的規模，以更血腥的方式呈現而已。

現在大多數人已經不再使用「厄勒克特拉情結」這個名稱，而以「伊底帕斯情結」來統稱子女對異性父母的愛戀與依附，以及對同性父母的憎惡與敵意。當然，就像我們先前一直強調的，情結是一種情感的複合體，愛憎的情感在其中互相交錯，而表現為矛盾的態度。我們無法斬釘截鐵地說，伊底帕斯情結單純是對異性父母的愛與對同性父母的憎惡。無論如何，一旦自我受到伊底帕斯情結的影響，就會發生許多障礙。

舉例來說，假設有一位少年因為伊底帕斯情結的影響而憎惡父親，但另一方面他的自我卻敬愛父親。為了解決這樣的矛盾，這位少年很可能將馬當作父親的代價，而患有馬恐懼症。或者，也可能有某位女性對父親的迷戀過於強烈，因此拒絕一切適合結婚的男性而終生保持獨身。我還曾經遇見一位無條件反抗權威的男性，對他進行分析後發現，這位男性在幼兒期所產生的對父親的憎恨情感，一直到成年以後都沒有解決。

從這個角度來看就可以明白，我們之前所舉出的各種例子，有許多如果當作是伊底帕斯情結的問題來思考，就都可以理解。對男性來說，父親的確是難以應付的對象。因為覺得不可能勝過他而屈服，是很可惜的事；但持續反抗、甚至像伊底帕斯那樣徹底打

情結：內心隱形的拉扯力量　　196

敗父親，也會留下遺憾。我們甚至可以說，自我要以什麼樣的方式處理伊底帕斯情結，是一生的課題。

事實上，佛洛伊德認為，人類的文化就是在努力與伊底帕斯情結對抗的過程中產生的。他還以大量的時間與精力，闡明宗教與藝術背後的伊底帕斯情結。

我們已在第二章說過，阿德勒反對佛洛伊德的這種想法，而更重視自卑感。他認為，伊底帕斯情結也是為了隱藏自卑感，並證明自己比家人優越而產生的。

同一個現象有兩種不同的觀點，而且無法斷定哪一種才正確，這件事讓榮格感到十分困惑。後來榮格認為，這兩種根本上來自佛洛伊德與阿德勒態度上的差異，並且引伸出「內向」與「外向」的性格類型的想法。也就是說，佛洛伊德是以外向的觀點思考，阿德勒則是從內向的立場思考。

說得更極端一點，伊底帕斯情結對佛洛伊德個人來說是根本的因素。佛洛伊德生長在父權強勢的猶太家庭，與父親年齡差距非常大，因此從他的眼裡看來，最根本的因素是伊底帕斯情結；而阿德勒是家中的次男，天生就有點駝背，而且當他加入精神分析學會的時候，佛洛伊德已經是站在頂點的偉大人物，阿德勒不得不屈居其下。這樣的阿德勒會覺得自卑情結很重要，也是理所當

197　第六章　情結與原型

然的（在《與榮格對話》中,榮格指出了這一點）。

從以上的思考,榮格得出一個結論:情結確實具有多層次的結構,並稱之為「原型」。在說明榮格有關原型的想法之前,先讓我們從文化差異的觀點,來思考一下伊底帕斯情結的問題。

2 文化差異的問題

剛剛我們說,佛洛伊德認為伊底帕斯情結是最根本的要素,並試圖以伊底帕斯情結說明人類的藝術與宗教,而在一九一九年發表的《圖騰與禁忌》中,透過未開化民族的圖騰與禁忌的習俗,探討人了宗教的起源,更呈現了他的宗教觀。在此,讓我們試著簡單敘述他的想法。

佛洛伊德認為,原始時代的父親不但十分暴力,而且嫉妒心強烈,只允許自己獨佔所有的女性,會將長大成人的兒子們,通通趕出群體。但是「某一天,被放逐的兒子們通力合作,殺死父親,分食他的肉,為群體之父畫上休止符」。他們殺死並分食了暴君

情結:內心隱形的拉扯力量　　198

般的父親之後，紓解了對父親的憎恨，與父親合為一體的願望也得以實現。然而這時候他們卻感到悔恨，並產生了罪惡感。於是「他們決定以某種動物（圖騰）作為父親的替身，並停止殺害該動物。他們也不與如今已成為自由之身的女性們交媾，放棄享用弒父行為所帶來的好處」。如此一來，弒父與近親相姦——也就是伊底帕斯情結中，遭到壓抑的願望——正式成為罪惡。

佛洛伊德認為，正是因為無法克制伊底帕斯情結所帶來的罪惡感，人們開始尋求昇華該情結的手段，於是形成了圖騰宗教與各種宗教禮儀。在這類儀式中，人們共同殺死作為圖騰的動物，當成聖餐一同食用——這正是將源自伊底帕斯情結的衝動儀式化，並一再重複這樣的行為。

有一些現代的人類學家，親身到佛洛伊德所說的未開化部落，實際進行詳盡的調查，並根據研究的結果，反對佛洛伊德的論點。其中最有名的，是研究特羅布里恩群島的馬林諾夫斯基[2]。馬林諾夫斯基親身在當地研究特羅布里恩群島的文化，發現在當地

2　編註：馬林諾夫斯基（Bronisław Kasper Malinowski, 1884-1942），發跡於英國的波蘭人類學家。他以客觀的民族誌材料，取代過往充滿研究者主觀論述；也以完整的文化理論，取代過去社會達爾文主義與傳播論觀點。對近代人類學的影響極其深遠。

的母系社會裡，不但感覺不到男性們對父親的憎惡，也完全看不到他們對舅父的攻擊性（《兩性社會學——母系社會與父系社會的比較》）。

文化人類學的發展，讓我們清楚地看到一件事——在解釋情結的時候，必須考慮文化的差異。伊底帕斯情結或許對西方的父系社會很重要，但是對其他文化就不見得如此。

或許有人會認為，特羅布里恩群島與現代文明社會相距甚遠，和我們的生活毫無關聯，但這是錯誤的想法。舉例來說，讓我們來看看現代日本人所面臨的問題之一——學校恐懼症的案例。

在本書的第四章，我們已經看過一個學校恐懼症的案例。這樣的症狀不斷增加，反映出現代日本社會的問題。現在要看的這個案例，是一位高中男生。他是個認真乖順的好孩子，成績也很優秀，但是從某個時候開始，突然不去上學了。當面會談後他告訴我，他從中學開始就偶爾會做惡夢。他夢見「自己逐漸被吸到土地裡，因為害怕而大叫著醒過來」，這真的是很可怕的夢。順帶一提，我曾經遇見另一位患有學校恐懼症的中學生，與他所做的夢幾乎一模一樣。這件事在我的另一本書《榮格心理學入門》中已有敘述，總之，他夢見自己被吸到肉的漩渦裡，也是很恐怖的夢。

那個一點一點吞噬這些男孩的，到底是什麼呢？我們可否這麼想：正是因為被深淵纏住了腳，所以他們才無法去學校？在夢裡，那個試圖吞噬少年的「土地」，對我們人類來說，具有深不可測的重大意義。

對原始時代的人來說，「土地」無疑是奇妙而不可思議的東西。所有植物都從土中誕生，在冬天死去，回到土裡；到了下一個春天，又有新的生命從原來的地方重生。土地生產一切生命，也吞噬所有的死者。可以想像，遠古時代祭拜地母神的宗教，就是以這樣的體驗為基礎而形成。而且，生產萬物的地母神，也經常被當作死神來祭拜。日本神話中的「伊邪那美」就是典型的例子。伊邪那美既是生產所有國土的母性神，落入黃泉之國後，又成為死之國的神祇。

這種具有深遠意義的意象，遠遠超越所有人的個人體驗，或許應當稱之為「母性存在」。榮格從這個觀點出發，主張某些超越個人體驗的、人類共通的基本模式的存在，並且將前述「母性存在」的原型，命名為「大母神」（Great Mother）。也就是說，他認為在所有人類的無意識深處，都存在著大母神原型。這個原型一方面具有生產養育所有事物的正面功能，另一方面也具有吞噬一切的負面意義。

回到文化差異的問題，我們不得不說，現代的日本強烈地受到大母神原型的作用。

某種特定的原型具有特別大的力量,這是日本文化的特徵。如果更進一步追究這個問題,或許就會發現,從前的日本文化,雖然在心理上受到大母神原型的支配,但是因為有父權制的社會制度發揮補償的功能,因此得以保持平衡。但可以想像的是,在二次大戰之後父權制度遭到破壞(美國人再怎麼厲害,畢竟也無法殺死大母神),母性的力量急速增強,而造成學校恐懼症的現象日益增多。

現在,有許多人感嘆父親形象的喪失。但是在日本,父親的形象並非喪失,而是本來就不存在。或許有很多人會舉出明治時代的強勢父親為例,來反駁我這個看法。但如果看到以下這個例子,這些人又會怎麼想?

有個不良少年的父親,是一位曾經實際出入戰場的退伍軍官,但是他對自己的小孩態度是:為了讓小孩長大成為了不起的人,而親自細心地教導。剛開始的時候,孩子的成績也真的很好,但是等到孩子進入反叛期、性格越來越強勢,這位父親便逐漸無法應付,最後變成什麼都聽孩子的(一方面在背地裡發牢騷)。孩子要錢就給他,最後甚至還幫他買了一部汽車。曾經率領部隊、冒死深入敵陣的「堅強父親」,卻沒有能力與自己的兒子對決。

這種「強」與「弱」的並存,原因出在哪裡?當這位男性服從上級命令時,的確力

情結:內心隱形的拉扯力量　　202

量強大；但是當兒子告訴他「最近的年輕人，大家都有車」時，一聽到「最近」、「大家」這些字眼，他就馬上投降了。這位父親沒有辦法以「自己的想法」與兒子對決。當「大家」都遵守父權制度的時候，他的確擁有擔任執行者的力量，甚至能冒著生命危險深入敵陣；但是作為一個個人，他是軟弱的。在來自大母神的一體感的支持下，作為執行命令者的男性確實很堅強，但那不是真正的父性形象。

美國社會正為了父性形象的喪失而苦惱，日本社會則開始注意到父性形象的不存在。這兩種現象有一些類似的地方，但也有完全不同的面向。

「火」的神話象徵了人類自我的確立：普羅米修斯在神話裡，偷取了主神宙斯的火種。相對地，在日本神話中，作為大母神的女神伊邪那美生產出「火」，她也因此而燒傷，最後死去。一個民族的「火」是男性神為人類犧牲而盜來的；另一個民族的「火」，則是女神犧牲自己而得來的。這樣的兩個民族，會有什麼樣的差異？如果從這個觀點繼續思考，我們就必定能注意到，西方人的自我與日本人的自我，有著非常不同的存在方式。

舉例來說，讓我們來看看對人恐懼症。這是在日本極為常見，但是在西方卻很少看到的現象。與對人恐懼症患者見過面的人就會明白，對他們來說，要和他人保持適當的

203　第六章　情結與原型

「距離」是很困難的事。也有人指出，如果是兩人單獨相處的情況就還好，加入第三人就會讓他們不知所措（笠原嘉〈怕生〉）。這表示，當互動的對象是一個人的時候，對人恐懼症患者還可以設法抓到彼此的距離，但如果同時面對兩個人，他們就會感到混亂。

日本人在建立自我的時候，必須不斷「揣測」他人的心意，同時努力不失去自己。這件事極為困難；西方人確立自我的方式，則是在某種程度上與象徵大地的母親訣別，以象徵上天的父親為效法的對象。西方人透過自我與自我之間的對話來建立關係，但與大母神緊密相連的日本人的自我，則必須透過非語言的方式，互相揣測對方的想法，以此來建立與他人的關係（雖然這能不能稱為關係，本身也是個問題）。罹患對人恐懼症的患者，因為不知道究竟該如何建立自我而困擾。除了這樣的困難以外，還要再加上另一個因素——因為現代文化的交流頻繁而快速，在這些患者的心中，已經有西方式自我的萌芽，這樣的自我要如何在日本的文化中伸展，也是個困難的問題。我認為就是上述這些因素，使得日本對人恐懼症的患者特別多。

我們從文化差異的問題，談到日本文化的特徵，所用的表達方式可能太過武斷。這樣的問題當然需要更審慎思考，或許不應該用如此短小的篇幅，以如此簡化的方式談

情結：內心隱形的拉扯力量　　204

論。然而，當我們沿用西方學問體系的邏輯來探討心的問題時，就無可避免地會遭遇文化差異的問題，所以我才不得不以某種方式提起這件事。

以「情結」為主題的本書，整體而言也是如此。到第五章為止，我大致上遵循西方的思考方式進行論述（話雖如此，身為日本人的筆者再怎麼努力，也無法完全西方化）。但是，如果讀者們對於這樣的敘述方式沒有產生太大的疑問，說不定表示讀者們的自我已經相當西方化。當然，榮格的思想遠比佛洛伊德包含更多東方的要素，這可能也是原因之一。但是，如果讀者之中有人感到某些疑問，那麼我要請各位思考一下⋯⋯各位所懷疑的，有沒有可能正是西方的思考方式本身呢？比方西方人對語言的重視（認為自我透過語言來整合其內容）是否合理？我們真的有必要與情結「對決」嗎？等等。如果讀者產生這樣的想法，那麼我也不得不說──這些疑問終究來自日本式的思考方式。

情結的存在方式，當然與自我的存在方式有關。如果日本人的自我與西方人的自我不同，那麼情結的狀態也必定是不同的。說得武斷一點，日本人的自我與情結的界線模糊，並沒有清楚的共生關係，遠比西方人來得緊密。也就是說，日本人的自我與情結就像區別，自我對於情結的態度，也不是單純的防衛。打個比方，日本人的自我與情結就像同住在一個通鋪，只是蓋的棉被分開而已，而不像西方那樣有各自的房間。而且就像第

205　第六章　情結與原型

三章所說，日本人擅長處理團體共有相同情結的狀態，有時候甚至被視為一種美德。

土居健郎博士（1920-2009）是日本少數的精神分析家之一。他曾經指出「甘え」（譯案：讀音是a-ma-e，大致上是依賴、撒嬌的意思）在日本人心性中的重要性，並引起許多人的迴響（土居健郎《日本人的心理結構》）。雖然無法在這裡詳細說明他的論點，但簡單來說，土居健郎博士以精神分析學中「被動的對象愛」3概念，來定義「甘える」（譯案：「甘え」的動詞型態）這個日語獨特的詞彙。他並且主張，「甘える」對日本人的心性來說有很大的影響，扮演了重要的角色。

我在美國接受分析培訓（為了成為分析師，親自去接受分析的訓練課程）的時候，想要使用「甘え」這個概念，但是在英文裡找不到完全相符的說法，而一時詞窮。我告訴當時的分析師，請給我一個禮拜的時間仔細思考。想了很多方式之後，因為當時的分析師屬於榮格學派，於是我用「對大母神的情感」來解釋，總算是說明了我的想法。後來我回到日本，得知土居博士已經發表了有關「甘え」的論文，感覺好像找到了知音。以我自己的方式來解釋，我認為「甘え」這種情感，可以說是因為日本文化受到大母神原型強烈影響而形成的。不論對象是誰，大母神都以同樣的溫暖養育所有人。而「甘え」的態度，就是將大母神的意象投射到他人身上。這裡

面有一種對（無視於個人差異的）絕對平等感、以及絕對母愛的欲求。

對於日本人與西方人心性的比較，我們暫且打住，不再深入。這不是個可以簡單論定的問題，因此我不打算在這裡驟下結論。但我無論如何都想明確地指出一點——在探討情結的問題時，某種程度上需要考慮日本人與西方人心性的差異。而且進一步探討這個問題，是我們今後的課題。這一點不論是讀者或作者本身，都應謹記在心。

我們從文化差異談起，結果在這一節裡只討論了「大母神」這個原型。儘管如此，我想讀者們對於「原型」的概念應該已經有了概略的理解。在接下來的一節中，我們將更進一步對原型做一般性的說明。

3 原型

原型的概念，清楚地呈現出榮格理論的特徵。這個概念被廣泛地運用在藝術、宗教

---

3 譯註：「對象愛」與「自己愛」是一組相對的概念。「自己愛」是以自己為對象的愛，「對象愛」是以外在的他人為對象的愛。「被動的對象愛」意思是，認為某個外在對象對自己來說不可或缺，因此努力與該對象緊密結合，是一種對分離的恐懼與否定。

207　第六章　情結與原型

等等一般人類文化的領域,同時卻也被某些人視為非科學的概念,而成為批判的對象。近年來盛行的象徵(symbol)的這個概念也非常受到重視。舉例來說,歐提格(Edmond Ortigues, 1917-2005)就在他的《語言表現與象徵》中表示「受到以榮格為中心的許多人影響,在宗教史、民族學,以及精神醫學的領域裡,持續發表了眾多以象徵為主題的著作與論文」,並對它的意義給予高度評價。

方才我們說明了大母神的概念,以作為原型的一個例子。諾伊曼(Erich Neumann, 1905-1960)在他的研究中(《大母神》)指出,大母神的原型同時具有正面與負面的形象,而且廣泛分佈在全世界。在正面意象方面,我們可以舉出日本的觀世音菩薩、西方的聖母瑪利亞為例;而日本的山姥與西方的巫婆,則可以代表大母神原型最原始的一面。普遍存在於世界各地的「地母神」,則是大母神原型最原始的形象。接下來要為各位介紹的,是一位西方男性所做的夢(引用自維克斯《人的內在世界》):

我單獨一個人在黑暗的森林中,坐在小小的火堆旁。突然有一隻很大的貓頭鷹從樹上飛了下來,用翅膀把火拍熄。接著貓頭鷹時而衝上天空、時而接近地面飛行,離開了森林。我跟著牠走出去。貓頭鷹引領我走到山丘上的一個入口。走進去

情結:內心隱形的拉扯力量　208

後我發現，那是個地下的洞窟。貓頭鷹消失了身影。我手中有一支蠟燭。在灰暗的光線中，我看到洞窟裡滿滿都是人影。我認出來那些都是我的家人——與其說是認出來，更應該說是「感覺到」。我拿著蠟燭走近第一個人，發現自己看到的是祖母的臉。雖然心中充滿恐懼，但我還是盯著她看。這時人影慢慢散去消失……

做這個夢的人離開家已經二十年，從來不覺得自己曾受過家人或父母的影響，因此這個夢帶給他很大的衝擊。這或許談不上是對這個夢的解釋——但這個人在恐懼中所看到的老婆婆的臉，一方面的確是他個人經驗中所知道的祖母的臉，一方面也像地底國度的巫婆。這位男性在燭光下看到可怕的老太婆，讓人想起伊邪那岐去到黃泉之國，用一絲火光窺見的，伊邪那美醜陋的容貌。一位現代西方人的夢的體驗，竟然與我們的祖先在日本神話中的體驗類似，真是引人深思。

榮格注意到這樣的現象，並假設人的內心深處存在著某種可能的元素，形成了全人類共通的、普遍的表徵。而因為這些表徵可以被某種程度地類型化，他更進一步假設它們有共同的根源，也就是「原型」的存在。換句話說，原型終究只是假設性的概念。榮格認為，原型是存在於無意識中的一種基本感知與思維模式，而自我是透過意象來掌握

209　第六章　情結與原型

原型。以「大母神」為例,我們無法認識大母神這個原型本身,但是我們可以認識自我所掌握的大母神意象,比如聖母瑪利亞或巫婆的形象等等。榮格還發現,我們可以在神話、童話故事、夢、精神病患的妄想、未開化人的心性中,看到這些共通的原型的意象。

一般認為,榮格第一次使用「archetypes」這個詞彙,是在一九一九年發表的〈本能與無意識〉論文中。在那之前,他借用雅各·布克哈特(Jacob Christoph Burckhardt, 1818-1897)的詞彙「原始心像」(urtümliches Bild)來表達他的這個概念。在日本,「archetypes」除了被翻譯成「原型」之外,也有「元型」、「神話類型」、「太古型」等等不同的譯名。

榮格認為,情結與一個人的個人體驗有關,有許多是遭到自我壓抑的心理內容,屬於個人無意識的層次;相對地,原型則屬於更深層的集體無意識。榮格主張,集體無意識是「一種表徵可能性的遺產;它不屬於個人,而普遍存在於全人類,甚至動物之中,是個人的『心』真正的基礎」(《心的結構》)。透過這個觀點我們可以明白,方才我們所引述的那個夢裡,祖母的形象除了是這個人母親情結的人格化之外,背後還同時重複了大母神的意象。實際上,在一個夢裡面,來自淺層個人無意識的意象,與來自集體

情結:內心隱形的拉扯力量　　210

無意識的意象，某種程度是可以區別的。舉例來說，先前提到的那個被肉食的漩渦吞噬的夢，就屬於比較深的層次。

剛剛我們說到神話與童話裡有許多原型的意象，現在就讓我們一起來看看。仔細閱讀就可以發現，神話有許多部分是自然現象的比喻。比方分佈在世界各地的太陽神話，就是典型的例子。早晨，英雄神在東方誕生，駕著太陽車在天上奔馳，而偉大的母親則在西邊等著將他吞噬。黑暗的夜裡，英雄「航行在夜之海」，與怪物拚死戰鬥，到了早上他便重獲新生，再次出現在東方的天空。儘管有些微的變化，但這樣的模式出現在許多英雄神話之中。

有些人說，這種神話只是一種低層次的物理學，只是為了說明太陽的運行而存在，但我覺得這個說法很輕率。古時候那麼多希臘人，都真的相信太陽「就是」駕著四輪馬車的阿波羅嗎？我不認為。問題不只是「太陽的模樣」這種外在的視覺經驗，更必須考慮人在看到太陽昇空時的內在體驗。看到「上昇的太陽」，我們內部的某種原型開始活動，而存在於「原型傳送過來的表徵」與「昇天的太陽」之間的自我，將此二者整合為一，當作單一的事物來理解。「乘坐四輪馬車的英雄」這個意象，就在此時誕生。

的確，神話同時具有許多不同層面的意義。它也是一種物理學。但是，神話在剔除物理學的一面之後所留下來的，「以生動的方式掌握人的內在」的功能，不是更為重要嗎？神話學家克雷尼說得好：「真正的神話不是為了說明事物，而是為了替萬事萬物建立基礎而存在」（《論神話的科學》）。人是怎麼生下來的？怎麼死去的？科學可以說明這些事。但是關於「我究竟來自何方？去向何處？」這類問題，若是要得到內心可以接受的答案──換句話說，為我們的內心深處建立基礎──我們需要神話。

看到從湖面飛起的天鵝時，將眼前的景象理解為少女披著羽衣飛翔──榮格認為人類這種內心活動的底層，有原型的存在。而且對人類來說，這樣的認知思維模式實在太過普遍，因此，榮格稱之為集體無意識。當然，隨著各個文化與社會的不同，原型所呈現的意象也會有些微的差異。在這種意義下，或許在榮格所說的個人無意識與集體無意識之間，還可以加入「文化無意識」這個層次來思考。或者分得更細一點，說不定也可以再加入「家族無意識」這個層次。

舉例來說，寺田寅彥（1878-1935）的隨筆中有一篇〈生氣的元旦〉。故事敘述一位平時性情溫文敦厚的老人，每到元旦的早晨就會亂發脾氣，搞得全家人心裡都不舒服。後來這位老人死去，兒子也有了自己的家庭。某一年的元旦，這兒子突然情緒變得

情結：內心隱形的拉扯力量　　212

很差，同時也想起了過世的父親，瞬間理解過去父親每到元旦那一天的心情。又這樣過了幾年，兒子發現自己的兒子在元旦那天也會為了微不足道的事情生氣，非常驚恐，不寒而慄。像這樣發現某個家族共通的情結，是常有的事。因此，若是說某種元素潛伏在一個文化或社會的底層——比如日本社會的父性形象——而形成了共通的無意識，也是可以想像的。

反過來說，我們可以先找出構成某個個人、家族，或社會特徵的無意識的認知思維模式，再從其中尋找更廣泛、更共通的要素。最後，我們可以將這個過程中逐漸浮現的、人類的共通模式，假定為「原型」。

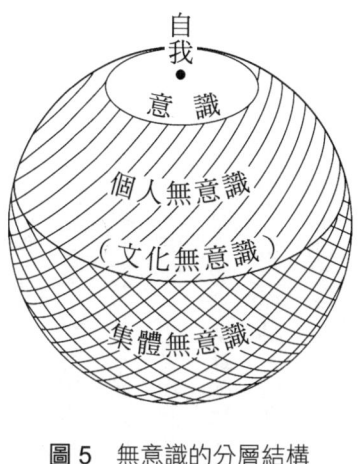

讓我們將以上所述內容簡單切割分類，以圖5來表示。我們將無意識分為個人無意識與集體無意識來思考，前者由情結所構成，後者則是由原型所構成。

如前所述，榮格所重視的原型有阿尼瑪、阿尼姆斯、自性、大母神等等，其他可舉出的原型還有智慧老人、陰影。我們談論

圖5　無意識的分層結構

（圖中文字：自我、意識、個人無意識、文化無意識、集體無意識）

第六章　情結與原型

雙重人格時所舉的例子，「伊芙布萊克」與山田少年的「惡心」，是陰影這個原型的意象；安徒生的作品《影子》就如字面所示，是「陰影」意象的典型。從這些例子我們可以看出，所有情結的形成，不僅來自個人體驗中遭到壓抑的情感內容，還與各種不同的原型交織在一起。因此，如果我們為了防堵情結的影響而過度與它切割，也會同時與存在於情結深處的原型要素切斷聯繫，自我將失去生命力。第二章中介紹了幾部以失去分身的悲哀為主題的文學作品，就非常生動地描繪出這種現象。對自我來說，陰影是難以接受的東西；然而如果完全除去了陰影，人將只是「平面的幻影」（榮格《分析心理學二論》），失去了人的味道。

原型終究只是一種假設性的概念，我們無法直接認知它的存在，自我只能透過意象，來理解原型的作用與影響。我們可以透過隱喻來闡述它的性質，但無法用語言明確表達。從這層蘊藏著無限可能性的集體無意識所傳送過來的表徵，自我如何賦予其意義，並開展出具有創造性的生活？，這樣的過程榮格稱之為「自性的實現」，也是本書最後一節要說明的主題。

4 自性的實現

前面一直反覆地探討情結，最後再來談論如何實現自性，這樣的做法我一方面覺得非常合適，另一方面卻莫名地覺得不好意思。從事心理治療的我們，說是進行了消除情結的工作，實際上只是參與了諮商者們實現自性的過程。「自性的實現」這句話聽起來光耀動人，但實際上的工作內容卻不見得都如此體面。親子、兄弟姊妹、師徒為了他人看來微不足道的瑣事爭吵不休，我們治療師經常不知不覺捲入其中，只是一味地在混亂中打轉，找不到出路。偶爾我們也會見證到人的心靈發展，為其中的美好感動不已，落荒而逃；但相反地，有時候我們也會承受不住「實現自性」這個任務的辛苦與危險，這也非常真實。我將謹記自性實現的光明與黑暗兩面，繼續論述。

我們的意識以自我為中心，具有某種程度的整合性；相對地，情結則是威脅自我存在的東西。就如第三章所述，面對情結的威脅，自我有許多種處理方式；而在第四章中，我們則看到自我經由對決的過程，將情結的內容整合到自身內部。

當某個情結的力量越來越強大，經常會發生與它對應的外在事件；反過來說，當外在發生某種具有強烈特徵的事件，很多時候是與它對應的情結增強了。這樣的現象，有

時候可以用原因與結果來說明，但有時候我們只能看出某種「佈局」的形成，無法判斷哪一邊是原因、哪一邊是結果。我們經常體驗到這種內在與外在奇妙的呼應。舉例來說，第三章第三節那對美國夫婦與日本女留學生的案例，就是如此；第四章談到的那位學校恐懼症的少年，他的家族裡也形成了精巧而正面的佈局。

因為內在與外在經常相互呼應，很多時候人們只是一味地怪罪外在的事件，或是感嘆自己運氣不好。「要不是讓這種女孩寄宿，也不會搞成這樣」、「有一個懶惰成性的兒子，真是困擾」、「還不都是因為媽媽整天嘮叨個不停」……不管要怎麼說都行。這種時候如果能稍微張開眼睛，觀看自己的內在，一定會發現自己心中的情結。

話雖如此，並不是認為「一切都是我的錯」就好，那種消極的反省是沒有用的。內在的對決，同時意味著外在的對決。希望讀者們注意的是，在先前介紹的案例裡，現實中母與子、社長與職員之間，都發生了真正的對決，而且只有經由這樣的對決，當事人的人格才得以發展。不過我們也要注意，了解對決的內在意義的人，不會只是單方向地攻擊母親或社長等對象，那樣做只會導致情結的爆發而已。

在實現自性的過程中，自我的角色非常重要，這一點再怎麼強調也不為過。當然，如果只是緊緊抓著自我不放，是不會有任何發展的。但是，為了與情結對決，自我非得

情結：內心隱形的拉扯力量　　216

要足夠強大不可。關於意識與無意識理想的關係，榮格在《人格的整合》中這麼說：

「意識與無意識，如果有任何一方單方面受到另一方的壓抑或破壞，就無法形成整體。如果同時賦予兩者平等的權利，讓它們公平戰鬥，那麼毫無疑問地，雙方都將得到滿足。我們必須守護意識的合理性，並且保衛自性；同時也要讓無意識的生命能夠走自己的路，接受公平的機會⋯⋯那是自古以來，鎚子與鐵砧之間的技藝。在鎚子與鐵砧之間接受鍛鍊的鋼鐵，最終將成為不會損壞的整體，也就是個人。」

我們不能誤解榮格的這番話，以為他只是在肯定無意識的力量。自我軟弱的時候，只會對自己或別人造成困擾而已。榮格也在自傳裡表示，在自己與無意識的內容對決的時期，日常生活（也就是家人）與工作不知道給了他多大的支持。

讓我們來思考另一個非常極端的案例，那就是詹姆斯‧喬伊斯（James Joyce, 1882-1941）父女（沃爾克特〈榮格與喬伊斯〉）。喬伊斯的女兒露西亞（Lucia Joyce, 1907-1982）患有思覺失調症，但是身為父親的喬伊斯一直不願意承認這件事，只是固執於露

217　第六章　情結與原型

西亞非凡的才華。的確，在創造新詞彙、合成不可解的複合詞方面，父女的才能非常相似。

然而，榮格如此形容這對父女：「就像是兩個一起到達河底的人。一個是向下沉沒，另一個則悠遊其中」。也就是說，喬伊斯可以自在地下潛、浮升，但露西亞就只是溺水而已。喬伊斯的新創詞彙與複合詞，是他有意識地努力創作的結果，但露西亞的新詞彙並不是她的創作，而是扭曲的無意識過程為她製造出來的。也就是說，露西亞的主體移向了無意識的一方。

這當然是非常特殊的例子，但是受到無意識的力量強制驅動，明明行為造成他人困擾，依然自認為是很有個性的人，卻出乎意料地多。榮格認為，我們若是要走上實現自性的道路、活出自己的個性，就必須符合外界的期待，過平淡無奇的生活。他甚至還說，想要成功地過平庸的生活，「其實需要從外面看不出來的英雄主義」（《分析心理學二論》）。

當一個人與情結同一化（也就是自我的力量變軟弱）的時候，他的氣勢會很強大。如果再加上原型的要素在背後發揮作用，就會被塑造成勢不可擋的偽英雄。換句話說，那只不過是因為自我軟弱，而被英雄式的行為推著走而已。最終，因為現實判斷力薄

情結：內心隱形的拉扯力量　　218

弱，必定要蒙受嚴重的挫折。

有一位反抗權力、熱衷於學生運動的學生，當他對這些事情都覺得無聊後，為了追求刺激而開始偷東西，因此遭到逮捕。的確，我們都很清楚「偷竊」的象徵性意義，但是面對這樣的挫敗英雄，就算是普羅米修斯也不知道該說什麼吧！每當接觸到這樣的案例，便讓人覺得「自性的實現」這種詞語，實在不應輕易說出口。

如今這個時代因為外在世界的急速擴張，使我們不得不重視「實現自性」這個問題。交通方式的快速發展，使我們能接觸到難以想像的地步。比方先前提到的美國人夫婦，就因為接觸到來自日本的年輕女性，而被迫與自己的弱點「大母神」對決。同樣地，日本人也正在與西方式自我的問題對決。就算不考慮這種程度的問題，以今日資訊過剩的狀態，也會在各式各樣的機會下，對我們的情結發生作用。聽到有人說「簡單致富的方法」，我們的金錢情結就開始騷動；一旦開始懷疑自己是不是吃了虧、是不是錯過什麼好機會，就會開始心浮氣躁，無法踏實。明確地說，一個人若是不走在以自性為根基的道信心時，資訊量越多就越會感到不安。明確地說，一個人若是不走在以自性為根基的道路上，將會非常危險。

從前的人們受到各種制度的外在規範，不得不在既定的框架中度過一生。無法在這

個既定的框架中完成自性實現過程的人，只能說很不幸。而今天，在人類前仆後繼的努力下，外在規範的力量正日益減弱。舉例來說，在現在的日本，只要有能力，任何人都可以進入任何大學。但問題是，自己到底應不應該唸大學？要唸的話，應該去唸哪一所學校？這些問題應該根據什麼來決定？也就是說，我們必須自己選擇、自己製造、屬於自己的實現自性的容器。這也是件困難的事。搞不好會為了把容器做大，而耗費過多的精力，反而降低了容器內容的品質，這種事經常發生，不是嗎？而且，當今的時代精神，似乎認為容器越大越好。

隨著外界的擴張，相對應的情結也受到影響。如果再加上耗費太多能量來擴充外界，可以用於內在工作的能量也會相對減少，所造成的傷害就更加倍。

人類的足跡已經踏上了月球，這是劃時代的大事。但是，過去人類投射在月亮上的意象，也因此失去了許多意義。比方說，過去日本人透過賞月儀式所得到的能量，如今已失去它的渠道。科學的進步，一個接一個地破壞了我們的傳統儀式，如果我們放任這件事繼續發生而毫無作為，失去排放的渠道而不斷蓄積的能量，說不定會突然以破壞性的方式爆發。這件事令人擔憂。

話雖然這麼說，但我一點也沒有攻擊科學進步的意思。科學的進步的確是一件好

情結：內心隱形的拉扯力量　　220

事。我只是認為我們必須找到方法，來挽回那些因為科學進步而失去的東西——我們可以再次為傳統的儀式注入生命，或是創造新的儀式。換句話說，我們可以去發掘屬於每個人的個人神話。

就像伊利亞德（Mircea Eliade, 1907-1986）在《誕生與重生》中所說的：「近代世界的特色之一，就是具有深刻意義的起始儀式（initiation）[4]已經消逝遠去」。近代社會是透過告別過去的傳承社會而誕生。生活在近代社會的我們，無法再簡單地依靠傳統的起始儀式。於是我們被賦予的課題，是如何以個人為目的，由個人來舉行起始的儀式——並非作為傳承社會的一員，而是擁有個性的個人。先前我們曾經說過，自我與情結的對決，具有死亡與重生的意義。當時的說明，應該能帶來某些啟發吧！不否定情結，也不逃避，而是與它正面對決。經由這樣的對決來體驗死亡與重生，讓自我的力量逐漸茁壯——這就是實現自性的過程。

擁有堅強的自我，與情結對決，並將它內化、同化。接下去的工作，就是本章所說

4 譯註：Initiation 是一種「通過儀禮」（rites of passage），意思是為了加入某個團體（如黑社會、學術界、政黨等等）所舉辦的「入會儀式」。或是更廣義一點，在進入人生各個不同的階段、扮演新的角色之前所舉行的儀式，比如成人禮、婚禮、甚至喪禮等等。「起始儀式」是譯者自行決定的譯名。

的，與原型的對決了。其實關於實現自性的過程，榮格更重視的是後者。但是，對於原型的詳細探討，超過了這本小書的討論範圍，未來我將另外找機會論述這個問題。

引用與參考文獻

在每一章的文獻表中,首先列出的是引用文獻;如果有若干合適的參考文獻,則列在引用文獻之後。《榮格全集》的標題為 Die Gesammelte Werke von C. G. Jung,由 Rascher Verlag, Zürich und Stuttgart 出版;英譯本則是由 Pantheon Books Inc., New York,以及 Routledge & Kegan Paul Ltd, London 出版。文獻中的 [G. W.] 即表示《榮格全集》。

第一章 什麼是「情結」?

- 笠原嘉、稻浪正充(1968),〈大學生與對人恐懼症〉(「大学生と対人恐怖症」)『全国大学保健管理協会会誌』第四号)。
- 榮格(Jung, C. G.),《分析心理學二論》(Zwei Schriften über analytische Psycholo-

- 佛洛伊德（Freud, S. 1904），《日常生活的精神病理學》（*Zur Psychopathologie des Alltagslebens*）。繁體中文譯本（2003），高秋陽譯，台北：華成圖書。
- 伊凡斯（Evans, R. 1964），《與榮格對話》（*Conversations with Carl Jung*, D. Van Nostrand Company, Inc.）。
- 瑞克林（Riklin, F. 1955），〈榮格的聯想測驗與夢的解析〉（Jung's Association Test and Dream Interpretations, J. of Projective Techniques, 19）。
- 戶川行男（1971），《臨床心理學論考》（『臨床心理学論考』金子書房）。
- 昂里·耶（Ey, H. 1963），《意識》（*La Conscience*, Presses Universitaires de France）。
- 雅斯培（Jaspers, K. 1947），《一般精神病理學》（*Allgemeine Psychopathologie*, 5 Aufl., Springer）。
- 榮格（Jung, C. G.），〈潛在記憶〉（Kryptomnesie），*G. W.* 1。

gie），*G. W.* 7。繁體中文譯本（2024），魏宏晉譯，台北：心靈工坊。
- 榮格（Jung, C. G.），〈論早發性失智症的心理〉（Über die Psychologie der Dementia Praecox），*G. W.* 3。

除了上述文獻外，尚有…

- 榮格（Jung, C. G. 1918），《詞語聯想研究》（*Studies in Word-Association, Russell and Russell*），由榮格編輯，匯集了各種有關語言聯想的研究。

以下是與本章相關的，有關精神分析的一般性解說書目：

- 土居健郎、小此木啓吾編（1969），『精神分析』『現代のエスプリ』四〇号，至文堂。
- 宮城音弥（1959），《精神分析入門》（『精神分析入門』岩波新書）。

第二章　另一個我

- 史蒂文森（Stevenson, R. L. B. 1886），《化身博士》（*Strange Case of Dr Jekyll and Mr Hyde*, Longmans, Green & co.）。
- 賈內（Janet, P. 1927），《人格的心理發展》（*L'Évolution Psychologique de la Personnalité*）。
- 西格平、克萊克利（Thigpen, C. & Cleckley, H. 1957），《伊芙的三張面孔》（*The*

- *Three Faces of Eve*, MacGraw-Hill.
- 荻野恒一（1964），《精神病理學入門》（『精神病理学入門』誠信書房）。
- 中村古峽（1919），〈雙重人格的少年〉（「二重人格の少年」『変態心理の研究』大同館書店）。
- 安徒生（Andersen, H. C. 1847），《影子》（the SHADOW）。
- 宮本忠雄，〈論孟克的《吶喊》〉（「ムンクの『叫び』をめぐって」『精神医学』八巻八号）。
- 吉田六郎（1971），《霍夫曼——浪漫派的藝術家》（「ホフマン——浪漫派の芸術家」勁草書房）。
- 岩井寬（1969），《芥川龍之介》（『芥川龍之介』金剛出版新社）。
- 片口安史（1966），《作家的診斷——以羅夏克墨漬測驗探索創作心理的祕密》（「作家の診断——ロールシャッハテストによる創作心理の秘密をさぐる」至文堂）。
- 藤縄昭（1971），〈關於某件分身體驗——思覺失調症患者二例〉（「ある分身体験について——精神分裂病者の二例」『心理学評論』一四巻一号）。

- 榮格（Jung, C. G.），〈所謂神祕現象的心理病理學〉（Zur Psychologie und Pathologie sogenannter okkulter Phänomene），G. W. 1。
- 榮格（Jung, C. G. 1933），《尋求靈魂的現代人》（Modern Man in Search of a Soul, Harvest Books）。繁體中文譯本（1989），黃奇銘譯，台北：志文。

除了上述文獻外，尚有：

- 西丸四方（1968），《受苦的心的記錄》（『病める心の記録』中公新書），本書記載了分身體驗病例的報告，內容十分有趣。

關於分身現象，佛洛伊德也在下列論文中提及：

- 佛洛伊德（Freud, S. 1919），〈不可思議之事〉（The Uncanny），《西格蒙特・佛洛伊德心理學著作全集標準版》（The Standard Edition of the Complete Psychological Works of Sigmund Freud, Volume XVII）。繁體中文譯文收錄於《重讀佛洛伊德》（2018），宋文里譯，台北：心靈工坊。

- 阿德勒（Adler, A.），橋堆治訳『子どもの劣等感』誠信書房 一九六二。（編案：河合先生僅附上日文譯作資訊，查無原文為何。）

下列這本書，可以看到阿德勒對自卑感的想法：

第三章 情結的現象

- 佛洛伊德（Freud, S. 1910），《達文西的一則回憶》(*Eine Kindheitserinnerung des Leonardo da Vinci*)。
- 榮格（Jung, C. G. 1933），《尋求靈魂的現代人》(*Modern Man in Search of a Soul*, Harvest Books)。繁體中文譯本（1989），黃奇銘譯，台北：志文。
- 林武（1965），《為美而生》（『美に生きる』講談社現代新書）。
- 榮格（Jung, C. G.），〈醫學與心理治療〉(*Medizin und Psychotherapie*)，*G. W.* 16。
- 榮格（Jung, C. G. 1961），《榮格自傳：回憶・夢・省思》(*Erinnerungen-Träume-Gedanken*, Rascher Verlag)。繁體中文譯本（2014），劉國彬、楊德友譯，新北：張老師文化。

關於精神官能症與其他精神病的症狀，以及它們的關係，請參考：

- 村上仁（1963），《異常心理學》（『異常心理学』改訂版）岩波全書）。

第四章 情結的消除

- 山口昌男（1971），《非洲的神話世界》（『アフリカの神話の世界』岩波新書）。
- 榮格（Jung, C. G.），〈搗蛋鬼形象的心理學〉（On the Psychology of the Trickster-Figure, translated from part 5 of Der Göttliche Schelm, by Paul Radin），*G. W.* 9, I。
- 井上靖（1969），《化石》（『化石』角川書店）。
- 維克斯夫人（Wickes, F. 1927），《童年的內在世界》（*The Inner World of Childhood*, Appleton-Century-Crofts, Inc.）。
- 榮格（Jung, C. G.），〈心的能量〉（Über die Energetik der Seele），*G. W.* 8。
- 弗雷澤（Frazer, J.），《金枝：巫術與宗教之研究》（*The Golden Bough: A Study in Magic and Religion*）。繁體中文譯本（2023），徐育新、汪培基、張澤石譯，台北：五南。

關於死亡與儀式的意義，請參考：

- 樋口和彥（1971），〈死亡在現代的意義〉（「現代における死の意味」『創造の世界』二号）。
- 河合隼雄（1971），〈自殺的象徵性意義〉（「自殺の象徴的意味について」『心理学評論』一四卷一号）。
- 韓德森（Henderson, J. 1967），《起始儀式的臨界點》（*Thresholds of Initiation*, Wesleyan University Press）。

第五章　夢與情結

- 巴舍拉（Bachelard, G. 1938），《火的精神分析》（*La Psychanalyse du Feu*）。繁體中文譯本（2021），杜小真、顧嘉琛譯，新北：新雨。
- 克雷尼（Kerényi, C. 1963），《普羅米修斯》（*Prometheus–Archetypal Image of Human Existence*, Thames and Hudson, London）。
- 克雷尼（Kerényi, C. 1951），《希臘眾神》（*The Gods of the Greeks*, Thames and Hudson, London）。

- 米德（Mead, M. 1950），《三個原始部落的性別與氣質》（*Sex and Temperament in Three Primitive Societies*, The New American Library）。繁體中文譯本（1995），宋踐等譯，台北：遠流。（譯案：這本書目與第五章內文所引用的並非同一本著作，不知是否為河合先生之筆誤。）

- 米德（Mead, M. 1949），《兩性之間：變遷世界中的性研究》（*Male and female: a study of the sexes in a changing world*, William Morrow and Company）。（編案：補上河合先生於第五章內文所引用而未錄入之著作。）

- 馮・法蘭茲（Von Franz, M.-L. 1964），〈個體化歷程〉（The Process of Individuation, in Man and His Symbols, ed. By Jung）。

- 榮格（Jung, C. G.），《心理治療的基本問題》（*Grundfragen der Psychotherapie*），G. W. 16。

  關於夢的解析，除了《榮格全集》中與夢相關的論文之外，下列這本書談論夢解析的章節，以非常適切的方式為榮格的思想做了摘要：

- 邁爾（Meier, C. A. 1959），《榮格與分析心理學》（*Jung and Analytical Psychology*,

第六章　情結與原型

- 伊凡斯（Evans, R. 1964），《與榮格對話》（*Conversations with Carl Jung*, D. Van Nostrand Company, Inc.）。

- 佛洛伊德（Freud, S. 1919），《圖騰與禁忌》（*Totem und Tabu*）。繁體中文譯本（2013），李至宜、謝靜怡譯，台中：好讀。

- 馬林諾夫斯基（Malinowski, B. 1937），《兩性社會學──母系社會與父系社會的比較》（*Sex and Repression in Sauvage Society*, Routledge & Kegan Paul）。

- 河合隼雄（1967），《榮格心理學入門》（『ユング心理学入門』培風館）。簡體中文譯本（2020），李靜譯，上海：東方出版中心。

- 笠原嘉（1969），〈怕生〉（「人みしり」『精神分析研究』一五卷二号）。

- 土居健郎（1971），《日本人的心理結構》（『「甘え」の構造』弘文堂）簡體中文譯本（2006），閻小妹譯，北京：商務印書館。

- 歐提格（Ortigues, E. 1961），《語言表現與象徵》（*Le discours et le symbole*）。

- 諾伊曼（Neumann, E. 1955），《大母神》（*The Great Mother*, Routledge & Kegan Paul）。
- 維克斯（Wickes, F. 1950），《人的內在世界》（*The Inner World of Man*, Methuen & Co., Ltd.）。
- 榮格（Jung, C. G.），〈本能與無意識〉（Instinkt und Unbewußtes），*G. W.* 8。
- 榮格（Jung, C. G.），《心的結構》（*Die Struktur der Seele*），*G. W.* 8。
- 克雷尼、榮格（Kerényi, C. and Jung, C. G. 1949），《論神話的科學》（*Essays on a Science of Mythology*, Harper & Row Publishers）。
- 榮格（Jung, C. G.），《分析心理學二論》（*Zwei Schriften über analytische Psychologie*），*G. W.* 7。繁體中文譯本（2024），魏宏晉譯，台北：心靈工坊。
- 榮格（Jung, C. G. 1940），《人格的整合》（*The Integration of the Personality*, Routledge & Kegan Paul）。
- 沃爾克特（Walcott, W. 1970），〈榮格與喬伊斯〉（Carl Jung and James Joyce, *Psychological Perspectives*, Vol. 1 No. 1, Jung Institute of Los Angeles, Inc.）。
- 伊利亞德（Eliade, M. 1958），《誕生與重生》（*Birth and Rebirth*）。

- 關於希臘神話，請參閱前述克雷尼的著作。另外還有以下的文獻，也值得參考：
- 布勒芬奇（Bulfinch, T. 1855），《希臘羅馬神話》（*The Age of Fable*）。
- 吳茂一（1956/1969），《希臘神話》（『ギリシア神話』新潮社）。

後記

在這二十世紀的後半，人類的探索力有如爆炸般地急速擴大。人類成功登陸月球這件事彷彿在告訴我們，在地球上已經沒有能讓我們「探險」的地方了。然而，即使在現代，其實仍然有一片足跡未履之地、一個充滿充滿「探險」可能性的領域。那就是我們人類的內在，無意識的世界。而「情結」，就是這罕無人跡的王國的名字。現代人的心思都被外界的探險佔據了，而忽略了向內在世界探索，不是嗎？

情結並不是什麼我們必須排除的塵埃──就算它是塵埃，其中也包含了「至高無上的珍寶，由最低等的事物而生」這個矛盾。本書從情結的闡明出發，談到了「我」這個概念、精神官能症，以及種種人際關係。我們還思考了其他許多問題，比如「活著」是怎麼回事？做夢是什麼現象？男性與女性的關係是什麼？⋯⋯最後，我們還碰觸到，存在於這些問題背後的「原型」（archetypes）。這或許正如榮格所說，因為「情結是心

的生命的焦點，也是節點（起點、中間點與終點）」吧！為一般公眾所寫作的書籍，不容許描述太多個案的細節。例，我實在沒有把握能展開具有說服力的論述。這是個兩難。我稍微修改案例的事實內容，有關個人隱私的部分，即使引人深思也予以省略，在必要的時候，總算解決了這個難題。關於這一點，還請讀者見諒。

筆者提倡情結的概念，在專業上亦屬於榮格學派，因此大致上是以榮格的思想作為論述的基礎。情結的概念在榮格心理學的整體中，佔有什麼樣的位置？關於這一點，還希望讀者們能參閱拙著《榮格心理學入門》。雖然以情結為主題的本書，本身也可以當作認識榮格心理學的入門，但是在內容方面，筆者盡可能不讓它與前一本著作重複。

因為本書的設定是解說性質，因此引用自其他書籍的文字，僅用括號「（ ）」提示書名，詳細的資料還請參閱卷末的引用與參考文獻表。另外，筆者選擇了幾本適合進一步閱讀參考的資料，也一併記載在文獻表中。

支持本書構成的基礎，是筆者從治療工作中所得到的經驗。這些經驗主要得自天理大學教職課程研究室，以及京都大學教育學部臨床心理學研究室。對於許多在這兩個研究室中惠予我指導與援助的人，請容我在這裡表達來自內心的謝意。另外，我在第二章

情結：內心隱形的拉扯力量　　236

所記載的「雙重人格少年」案例，是經由牧康夫先生（大阪府立女子大學教授）的介紹而認識，謹致上我由衷的感謝。

一九七一年十月

河合隼雄

PsychoAlchemy 052

情結：內心隱形的拉扯力量
コンプレックス

河合隼雄 Kawai Hayao——著　林暉鈞——譯

出版者—心靈工坊文化事業股份有限公司
發行人—王浩威　總編輯—徐嘉俊
責任編輯—陳馥帆
封面設計—鄭宇斌　內頁排版—龍虎電腦排版股份有限公司
通訊地址—10684 台北市大安區信義路四段 53 巷 8 號 2 樓
郵政劃撥—19546215　戶名—心靈工坊文化事業股份有限公司
電話—02)2702-9186　傳真—02)2702-9286
Email—service@psygarden.com.tw　網址—www.psygarden.com.tw

製版 印刷—中茂製版印刷股份有限公司
總經銷—大和書報圖書股份有限公司
電話—02)8990-2588　傳真—02)2290-1658
通訊地址—248 新北市五股工業區五工五路二號
初版一刷—2025 年 6 月　ISBN—978-986-357-445-3　定價—480 元

KONPUREKKUSU
by Hayao Kawai
© 1971 by Kawai Hayao Foundation
Originally published in 1971 by Iwanami Shoten, Publishers, Tokyo. This complex Chinese edition published in 2025
by PsyGarden Publishing Co., Taipei
by arrangement with Iwanami Shoten, Publishers, Tokyo
ALL RIGTHS RESERVED

版權所有・翻印必究。如有缺頁、破損或裝訂錯誤，請寄回更換。

國家圖書館出版品預行編目資料

情結：內心隱形的拉扯力量 / 河合隼雄著；林暉鈞譯. -- 初版. -- 臺北市：心靈工坊文化事業股份有限公司, 2025.06
面；　公分. -- (PsychoAlchemy；52)
譯自：コンプレックス
ISBN 978-986-357-445-3（平裝）

1.CST: 情結　2.CST: 精神分析

175.7　　　　　　　　　　　　　　　　　　　　　　　114007111